RECHERCHES GÉNÉALOGIQUES

SUR LES FAMILLES NOBLES DE PLUSIEURS VILLAGES DES ENVIRONS DE NESLE, NOYON, HAM ET ROYE, ET RECHERCHES HISTORIQUES SUR LES MÊMES LOCALITÉS.

Ecuvilly (1).

Ecuvilly, *Escuvilly*, *Escuvilli*, *Esquevilli*, *Escuveli*, dans le XIIIe siècle, (*Scuviliacum*), situé au sud de Beaulieu-lès-Fontaines auquel il tient sans discontinuité, à 12 kilomètres sud de Nesle, et à 10 kilomètres nord de Noyon, est un village d'origine mérovingienne.

A la fin du XIIIe siècle la seigneurie d'Ecuvilly appartenait à Huet de Soyécourt, chevalier, fils de Robert de Soyécourt. Il était aussi seigneur de Soyécourt (2), de Franvillers (3), de Mouy (4), de Houdainville en Beauvaisis, de Torsy en Ternois, et d'autres lieux. Il confirma, en 1287, une vente faite à l'abbaye d'Ourscamp, et fonda, en 1297, une chapelle dans l'église de Corbie. De son union avec Béatrix, fille de Raoul de Heilly, il eut entr'autres enfants :

---

(1) Canton de Lassigny (Oise).

(2) Canton de Chaulnes.

(3) Canton de Corbie.

(4) Chef-lieu de canton (Oise).

Gilles, qui va suivre ;

Autre Gilles, croit-on, chanoine de Noyon et sous-doyen de Bayeux ; il acquit, en 1342, trois fiefs situés à Crépigny et à Appilly, près de Chauny.

GILLES DE SOYÉCOURT, seigneur de Soyécourt, d'Ecuvilly, de Mouy, de Franvillers, de Houdainville, de Torsy et de Montigny-Lencoup en Brie, était échanson de France avant 1328. Il se trouva à la bataille de Crécy, 1346, où il périt, et fut inhumé dans la chapelle de Notre-Dame de l'abbaye de Corbie. Il avait épousé Marguerite de la Tournelle, qui le rendit père de plusieurs enfants dont :

CHARLES DE SOYÉCOURT, seigneur de Soyécourt, d'Ecuvilly, de Franvillers, etc., servit dans les guerres de Picardie, en 1350, sous le roi de Navarre, et en 1364 en qualité de chevalier banneret sous le comte de Tancarville, il était mort en 1372. De sa femme Philippe de Créquy il eut :

1° Charles, qui fut mis en tutelle à cause de la faiblesse de son esprit ;

Et 2° Blanche de Soyécourt (1), dame de Verton et de La Neuville mariée à Jean de Warignies, dit le *Galois*.

JEAN DE ROYE, seigneur de Lagny (2), (Laigny-les-Chasteigners) près Noyon, fils de Mathieu de Roye, IIIe du nom, seigneur du Plessy-de-Roye (3) qu'il acquit en 1323, et de Marguerite de Ville (4), épousa Jeanne de Sains, avec qui il acheta, en 1398, les domaines de Lagny, d'Ecuvilly, de Chevilly (5), de Béthencourt, et les bois de La Potière (6). Il vivait encore en 1401, mais il était mort en 1403. Sa veuve se remaria à Hugues de

(1) La maison de Soyécourt portait : *d'argent fretté de gueules.*

(2) Canton de Lassigny.

(3) Canton de Lassigny.

(4) Canton de Noyon.

(5) Dépendance de Catigny, canton de Guiscard (Oise).

(6) Dépendance de Lassigny.

Sempigny (1). Sa fille aînée, Jacqueline de Roye, fut mariée, en 1403, à Renaud du Sauchoy (2).

Pierre de Sorel, était seigneur d'Ecuvilly au commencement du XVIe siècle.

Charles de Sorel, seigneur du même lieu, de Villers et d'autres lieux, 1er capitaine au régiment de Lignières, en 1657, a produit des titres de cinq races depuis les années 1525 et 1530, justifiant sa qualité de chevalier sur chaque degré. Il descendait de Jean de de Sorel, qui servit en qualité d'écuyer des ordonnances du roi, sous Vauquet de Laistre, écuyer dans la compagnie de Jean de Guistelle, suivant la revue qui en fut faite à Etampes le 1er décembre 1411, et de Lionnel de Sorel, chevalier, qui servait avec sa compagnie sous Hugues de Châtillon, sire de Dampierre et de Rolaincourt, grand-maître des arbalétriers de France, et capitaine général de Picardie, par revue faite à Thérouane le 1er mai 1372.

De sa femme, Jeanne du Montel, il eut trois enfants :

1° Pierre de Sorel, qui va suivre ;

2° Léon, né à Ecuvilly en 1657, fut capitaine de vaisseau, puis inspecteur général des côtes de Bretagne et de Normandie ;

Et 3° Marie-Anne, née à Ecuvilly en 1663.

Charles de Sorel avait pour frère aîné Louis, chevalier, seigneur d'Ugny-le-Gay (3), lieutenant du roi à Saint-Quentin, qui épousa N... de La Fons, fille de Nicolas de La Fons prévôt royal de cette ville, et de Jeanne Maréchal, sa femme.

Charles mourut le 1er février 1698, âgé de 86 ans, et fut inhumé dans la chapelle de la Sainte Vierge de l'église d'Ecuvilly, sépulture ordinaire de sa famille. Il avait fondé un annuel non perpétuel de 366 messes pour le repos de son âme, pour être dites à l'autel de cette chapelle, moyennant deux cents livres à payer au curé de la paroisse, et dix-huit livres six sous au clerc.

---

(1) Canton de Noyon.

(2) La maison de Roye portait : *de gueules à la bande d'argent.*

(3) Canton de Chauny (Aisne).

Pierre de Sorel, seigneur d'Ecuvilly, d'Ugny-le-Gay, de Dury (1), de Saint-Claude (2), et d'autres lieux.

De son mariage avec Madeleine Duran sont issues quatre filles :

1° Marie-Alixe, née à Ecuvilly en 1681 ;

2° Marie-Josèphe de Sorel-Dury ;

3° Madeleine Pétronille de Sorel-d'Ugny ;

Et 4° Marie-Louise de Sorel-de-Boulinval.

Marie-Alixe de Sorel, assistée de son père et de son parent, Jean-Denis de Rogué, chevalier, seigneur de Ville (3), de Vauchelles (4), de Porquéricourt (5) et d'autres lieux, épousa à Ecuvilly, le 5 juillet 1701, Etienne de La Fons, chevalier, seigneur d'Happencourt, de Cuy et d'autres lieux, fils de Claude de La Fons, chevalier, seigneur des Essarts (6), de Cuy (7), de Ronquerolles (8), de Pertain (9) et d'autres lieux, et d'Elizabeth des Avenelles, sa première femme ; le contractant assisté aussi de ses parents Claude et Pierre des Marets, chevaliers, seigneurs de Beaurains, près Noyon ; Marie-Alixe de Sorel décéda le 13 mars 1716 et fut inhumée dans l'église de Cuy (10).

De ce mariage sont issus :

1° Marie-Jeanne-Alix ou Alexis de La Fons, née à Ecuvilly en 1702, sans alliance ;

---

(1) Canton de Saint-Simon (Aisne).

(2) Canton de Mouy (Oise).

(3) Canton de Noyon (Oise).

(4) Même canton.

(5) Même canton.

(6) Même canton.

(7) Même canton.

(8) Fief situé sur le territoire de Pottes, canton de Nesle.

(9) Même canton.

(10) Les armes de la maison de Sorel étaient : *de gueules à deux léopards d'argent posés l'un sur l'autre, couronnés d'or.* Celles de la Maison de La Fons : *d'argent à trois hures de sanglier arrachées de sable*, avec cette devise : *Aut mors, aut vita decora.*

2° Louis-Paul, né à Cuy le 8 octobre 1707, seigneur d'Ecuvilly ;

3° Anne, née à Ecuvilly en 1710, religieuse ;

4° Pierre-Armand, né au même lieu en 1711, qualifié seigneur d'Ecuvilly, de Cuy, des Essarts, etc., capitaine au régiment de Picardie, chevalier de Saint-Louis, marié à Marie-Rénée Hervy Duclos ;

5° Marie-Françoise, née en 1713, mourut en 1715 ;

6° Louise-Madeleine-Elisabeth, née en 1715.

Du même mariage sont issus encore, selon le dictionnaire historique du département de l'Aisne, par Melleville, 1857 :

7° Joseph Gaston, capucin ;

Et 8° Claude-Josèphe, mariée à Claude-Paul de Richoufftz.

En 1712 une partie du domaine d'Ecuvilly appartenait au marquis d'Ecquevilly.

Vers 1756 le marquis du Frétoy (1) acquit la seigneurie d'Ecuvilly de la famille de La Fons et de celle d'Ecquevilly.

Par un bail de 1774 le revenu de cette seigneurie, y compris les fiefs du Marc d'argent, du Feu, des Batis, de la Caisne et de l'Ostagerie, tous mouvants du marquisat de Nesle, à cause de la baronnie de Beaulieu, membre de ce marquisat, était, par année, de deux mille six cents livres, plus trois paires de poules d'Inde, évaluées six livres, deux setiers de blé (120 litres), un setier d'avoine, et l'obligation par le fermier de faire dans l'année deux journées de voitures avec ses charrettes et chevaux, excepté dans le temps des semailles et de moisson, faute de quoi il payait au seigneur cinq livres par jour. La seigneurie consistait alors en la ferme seigneuriale et ses dépendances, 65 setiers 24 verges 1/2 (2473 ares 76), en terres labourables et prés, le droit de dîme des foins du village, le droit de carion des autres dîmes et le droit de terrage que possédaient auparavant lesdits de La Fons et d'Ecquevilly.

---

(1) Canton de Guiscard (Oise).

A cette époque le seigneur d'Ecuvilly s'intitulait : très-haut et très-puissant seigneur LOUIS-AUGUSTE D'ESTOURMEL, chevalier, comte d'Estourmel, marquis du Frétoy, baron de Sermaise (1) et de Catigny (2), seigneur d'Ecuvilly, de Campagne (3), de Chevilly, de Bussy (4), de Candor (5) et de plusieurs autres lieux, maréchal des camps et armées du roi, gouverneur des ville et château du Crotoy, demeurant à Paris, en son hôtel, rue de Grenelle, faubourg Saint-Germain (6). — En 1780 la justice d'Ecuvilly fut réunie, à celle du Frétoy. *(Le P. Anselme. — De la Morlière. — Haudicquer de Blancourt. — Reg. des paroisses d'Ecuvilly et de Cuy. — Archives de la maison seigneuriale d'Ecuvilly).*

Ecuvilly fut pillé et brûlé en 1370 par Robert Knolles, commandant anglais, qui, parcourant la Picardie avec douze mille hommes, incendia aussi beaucoup de villages voisins.

Il fut encore détruit en 1523 par l'armée anglaise, commandée par les ducs de Sufolk et de Norfolk. *(Annuaire de l'Oise, 1834).*

Il fut brûlé en partie en 1570. Un acte notarié de 1571 rapporte :

« . . . a estez baillez à Georges Dercheu, laboureur, demeurant
» à Escuvilly, par Charles de Ferrières, greffier de la prévosté de
» Noyon, et Godeberte Macquet, sa femme, demeurans audict
» Noyon, une mazure, jardin, lieu et pourpris *(enclos, dépendan-*
» *ces)* ainsy que ledict lieu s'estend et comporte, seant aud. Escu-
» villi, devant l'église dud. lieu, ou y soloit *(avait coutume)* avoir

---

(1) Canton de Guiscard (Oise).

(2) Même canton.

(3) Même canton.

(4) Même canton.

(5) Canton de Lassigny.

(6) La famille d'Estourmel porte : *de gueules à la croix dentelée ou cretelée d'or.*

» une maison, grange, estable, quy ont este bruslez par la dernière » incursion des ennemys (1), au mois d'octobre dernier, tenant le- » dict lieu, d'une part au sieur de Villers, d'autre au presbytaire, » de bout à Jehan Tailliart et pardevant à la Grant rue . . . »

C'était alors l'époque des guerres de religion.

Le 3 août 1653, Ecuvilly fut presque entièrement brûlé avec la maison seigneuriale, par les troupes espagnoles sous les ordres du prince de Condé ; il ne resta que quelques maisons, situées au lieu appelé depuis la Rue-Perdue. Le village fut rétabli en grande partie sur l'ancienne route de Nesle à Noyon, passant alors par Catigny, Sermaise. *(Arch. de l'église d'Ecuvilly.)*

Le lundi de Pâques 1785, à l'issue des vêpres, un incendie se déclara dans la nouvelle Grande-Rue d'Ecuvilly (2) et y détruisit deux habitations. Tous les habitants du village étaient accourus sur le lieu du sinistre pour arrêter les progrès des flammes ; mais un vent violent du nord avait lancé un lien de paille embrasé sur un bâtiment couvert en chaume,qui avoisinait l'église, à environ 100 mètres du foyer de l'incendie, le feu prit, dix habitations, la maison seigneuriale et ses dépendances furent aussi réduites en cendres. Cette maison ne fut pas reconstruite. *(Souvenirs d'un habitant du pays.)*.

Lors de l'invasion de la France en 1814 et en 1815 par les troupes alliées, ce village fut souvent occupé par l'ennemi et livré au pillage plusieurs fois.

En 1108, Baudry, évêque de Noyon, donna au chapitre de

---

(1) Le terrain dont il est ici question a été donné à la commune par M. Gorlet, natif du lieu, ancien officier de l'empire, à condition d'y bâtir un presbytère. Ce presbytère, assez jolie construction en briques et en pierres de taille, vient d'être construit (1858) aux frais des habitants et de M. le curé desservant de la paroisse.

(2) L'ancienne Grande-Rue allait de l'église au nord-ouest du village, la nouvelle qui commence à peu près au lieu dit le *Cahiet* conduit à Beaulieu.

cette ville les cures et les dîmes d'Ecuvilly, de Catigny, de Flavy-le-Martel (1), de Béthencourt, de Sommette (2) et de Gibercourt (3). *(Colliette,* t. II. *p.* 133*).*

Beaudoin II, son successeur, confirma, en 1153, en faveur des chanoines de sa cathédrale, les autels et les terres dont ils jouissaient dans les villages d'Ecuvilly, de Catigny, de Flavy, etc. Par le même acte les autels de Roiglise (4) de Rouy-le-Grand (5), d'Ognolles (6), de Cressy, près Nesle, de Pressoir, près Chaulnes, etc., leur furent aussi confirmés. *(Ibid. p.* 292*).*

En 1202, Simon de Clâtres IIe du nom, vendit, avec sa femme Marguerite, à Matthieu de Béthencourt la moitié des dîmes d'Ecuvilly, qui passèrent à la chapellenie de saint Jean l'Evangéliste, plus tard divisée en deux portions, fondée dans l'église de Saint-Quentin (7). *(Ibid.* t. I. *p.* 620*).*

En 1207, Agnès, première abbesse de l'Abbaye-aux-Bois, acheta une partie des dîmes d'Ecuvilly et de Sermaise. *(Ibid.* t. II. *p.* 457*).*

---

(1) Canton de Saint-Simon (Aisne).

(2) Même canton.

(3) Canton de Moy (Aisne).

(4) Canton de Roye.

(5) Canton de Nesle.

(6) Canton de Guiscard (Oise).

(7) Les biens et revenus de cette chapellenie étaient indivis et partageables entre le titulaire de la première portion et celui de la seconde. Les revenus consistaient, en 1772, dans les deux tiers des dîmes d'Ecuvilly, affermés alors 220 livres par an, plus le commun. Les charges en étaient : une messe basse chaque mois, plus d'entretenir le chœur et cancel (*) de la paroisse d'Ecuvilly, et de payer le gros (**) du curé pour les deux tiers. (*Ibid.* t[e] 3e. *Pouillé* *p.* 115.)

(*) C'est la partie du chœur d'une église qui est le plus rapprochée du maître-autel. Le nom de cancel vient des barreaux (*cancelli*) qui séparent le prêtre occupé du service divin de la foule des fidèles.

(**) Le *gros* était la portion du revenu que touchait un bénéficier par opposition au casuel et autres distributions éventuelles.

La cure d'Ecuvilly comprit primitivement dans son étendue le hameau de Beaulieu, qui avait seulement une chapelle. Au mois de décembre 1271, Beaulieu fut détaché de son église-mère et érigé en paroisse distincte (1). Par la circonscription ecclésiastique arrêtée en 1808, Ecuvilly fut réuni à la succursale de Beaulieu ; mais en vertu d'une ordonnance royale du mois d'avril 1847 l'ancienne cure d'Ecuvilly est devenue succursale (2).

---

(1) Voyez la Picardie, t. IV. p. 225.

(2) Joseph-Armand Gignoux, par la miséricorde divine et la grâce du Saint-Siége Apostolique, évêque de Beauvais.

Vu la délibération par laquelle le Conseil municipal de la commune d'Ecuvilly, canton de Lassigny, émet le vœu que cette commune soit séparée quant au spirituel de la paroisse de Beaulieu, à laquelle elle avait été réunie par la circonscription ecclésiastique du diocèse, arrêtée le 14 janvier 1808, et demande que l'église d'Ecuvilly soit érigée en succursale.

Vu l'ordonnance royale en date du 24 avril dernier, en vertu de laquelle l'église de la commune d'Ecuvilly est érigée en succursale ; et, en conséquence, déclarée indépendante, quant au temporel, de l'administration à laquelle elle avait été soumise jusqu'à ce jour.

Considérant qu'il est avantageux à la sanctification des âmes que les lieux consacrés à l'exercice public du culte catholique, à l'instruction des fidèles et à l'administration des sacrements, soient le moins possible éloignés des populations, et voulant obvier aux inconvénients qui résultent des limites différentes posées entre la juridiction civile et la juridiction ecclésiastique, avons ordonné et ordonnons ce qui suit :

ARTICLE 1er.

L'église d'Ecuvilly est érigée en succursale sous l'invocation de saint Sulpice.

ARTICLE 2.

Tous les fidèles domiciliés sur le territoire de la commune d'Ecuvilly, attribué à l'église dudit lieu par l'ordonnance royale précitée sont désormais soumis à la juridiction spirituelle du titulaire de cette église.

ARTICLE 3.

Le prêtre chargé du service de la susdite église est investi de tous les droits et pouvoirs de curé desservant, et ce jusqu'à sa révocation.

ARTICLE 4.

Notre présente ordonnance sera lue au prône de la messe paroissiale,

Les biens et revenus de la cure d'Ecuvilly, à laquelle nommait le chapitre de Noyon, consistaient, en 1789, 1° dans les deux neuvièmes de la grosse dîme du terroir de cette paroisse; cette portion rapportait à la cure 80 à 90 setiers de grains, mesure de Noyon, tant en blé que seigle, avoine, orge, féverolles, etc. Cette dîme eût été d'un plus grand produit si elle n'avait été grevée d'un droit de *carion* (1) exercé par le seigneur du lieu; 2° la

---

transcrite sur les registres de la Fabrique, et conservée en original dans les archives de l'église.

Donné à Beauvais sous notre seing, notre sceau et le contre-seing du secrétaire de l'Evêché, le vingt-septième jour de mai de l'an de grâce de Notre-Seigneur mil huit cent quarante-sept.

† J.-A. Evêque de Beauvais.

Par mandement de Monseigneur,

LAURENT, *sec. ch. hon.*

(1) Voici les articles qui concernaient ce droit :

ARTICLE 1er.

Le seigneur d'Ecuvilly a droit, à l'exclusion de tous autres, de charrier et voiturer les grosses dîmes de la paroisse, appartenant à la cure et aux chapelains de la chapelle de saint Jean l'évangéliste, fondée dans l'église de Saint-Quentin, et de les resserrer dans sa grange dîmeresse audit Ecuvilly.

ARTICLE 2.

Tous les jours où il fait charrier et voiturer lesdites dîmes en sa grange, il a le droit de prendre, et il lui est dû, une gerbe le matin et une le soir, appelées la gerbe du cheval.

ARTICLE 3.

Les épis et les grains qui se détachent des gerbes qui sont déchargées la houppe en bas sur le seuil de la porte de la grange, appartiennent audit seigneur avec les *écoussins* (les épis et le grain détachés des gerbes), et les *hottons* (les épis, le grain et la paille qui restent après le vannage).

ARTICLE 4.

Il lui appartient la onzième partie de tous les grains battus provenant desdites dîmes.

ARTICLE 5.

Il lui appartient encore toutes les pailles et les fourrages de quelque nature qu'ils soient.

ARTICLE 6.

Il lui est dû et lui appartient la dîme entière des vesces, bisailles, len-

menue dîme, qui s'étendait sur tous les héritages, sur les terres novales (terres nouvellement mises en culture, après avoir été défrichées), sur les fruits, sur le charriage, etc., affermés 230 livres par année ; 3° et 4° 49 setiers environ de terres labourables, mesure de Noyon (1858 ares), non chargés d'obits ni de fondations, dont 40 setiers situés sur le terroir d'Ecuvilly, 6 setiers et demi sur le terroir de Beaulieu, et 2 setiers et demi environ sur celui de Catigny ; 2° plus 9 setiers et demi en terres labourables et héritages, chargés d'obits, dont 8 setiers environ, en une seule pièce, au lieu dit la *Thièse*, à Ecuvilly, à la charge d'un obit tous les samedis de l'année, et un setier et demi au terroir de Lagny, à la charge aussi d'un obit solennel par année. Produit annuel, 51 setiers de blé et 265 livres en argent.

Autres charges de la cure :

Elle payait annuellement :

1° 71 livres 10 sous de décimes ;

2° 2 livres 7 sous à l'archidiacre du diocèse ;

Et 3° 0 livre 12 sous au doyen rural.

(Déclaration par le curé Dufour, pour satisfaire au décret de l'assemblée nationale du 13 novembre 1789). *(Colliette*, t^e^ IIIe *Pouillé, page* 57*)*.

La chapellenie de Sainte-Marguerite, fondée dans l'église paroissiale était détruite longtemps avant 1772, ainsi que ses biens, ses revenus et ses charges. *(Ibid)*.

L'église, au sud de l'ancienne Grande-Rue, est bâtie en pierres

---

tillons ; mais les hivernaches et les lentillons qui se sèment au temps des *couvraines* (semailles) des blés, ils appartiennent aux propriétaires desdites dîmes, qui, néanmoins, doivent audit seigneur la onzième partie desdits grains et toutes les pailles et hottons, avec la gerbe du cheval.

ARTICLE 7.

Enfin il lui appartient, audit seigneur, et lui est due la dîme entière de tous les foins.

de taille ; la nef et les bas-côtés sont couverts en tuiles, les deux chapelles et le chœur plus élevés, en ardoises. Ce chœur, rebâti en 1548, est de gothique tertiaire soutenu par des contreforts ornés de niches à l'intérieur et à l'extérieur. La nef est la partie de l'édifice la plus ancienne ; des parcelles de badigeon détachées accidentellement des murs vers 1820, où se trouve la chaire, ont mis à jour d'anciennes peintures représentant des arbres, des plantes, des oiseaux, etc. Le clocher en briques, reconstruit dans le XVIe siècle, a été placé devant l'ancien portail, auquel on a substitué une arcade ; il est terminé par une flèche octogone, assez élevée, couverte en ardoises ; il était orné à sa base de douze clochetons avec ornements et dorures à leur sommet. Il est à regretter qu'à cause des réparations dispendieuses qu'ils occasionnaient on les ait supprimés vers 1845, à l'exception des quatre plus élevés. On attribue dans le pays aux Anglais la construction de ce clocher, mais c'est une erreur. Les Anglais n'ont marqué leur séjour dans la Picardie que par des dévastations ; il est à croire plutôt qu'ayant détruit l'ancien clocher, ils ont rendu nécessaire la construction de celui-ci.

On conserve dans cette église un bras de Saint-Sulpice, patron de la paroisse, qui est l'objet d'un pélerinage très suivi le dimanche qui suit le 17 janvier et le dimanche après le 27 août. On y prie pour les rhumatismes et les maux de reins (1). Pendant les guerres du moyen-âge on déroba cette relique à la fureur des ennemis en la transportant à Noyon, et elle échappa à la tour-

(1) Les plus anciens habitants de la localité rapportent que dans le siècle dernier des personnes des environs, venant pour assister à l'office, de la fête patronale, demandèrent à quelqu'un du lieu si la messe était sonnée. Celui-ci répondit en proférant des paroles de dérision et de mépris contre saint Sulpice. A l'instant même il fut atteint d'un mal de reins des plus violents, qui dura environ six semaines, pendant lesquelles il souffrit des douleurs inouies.

mente révolutionnaire de 1793, ayant été soigneusement cachée chez quelqu'un du village (1).

Est inhumé dans le chœur de l'église :

Jean-Baptiste Payart, curé, mort le 24 novembre 1702.

---

(1) La châsse en bois de saint Sulpice renferme encore aujourd'hui des procès-verbaux, dont nous donnons le texte :

TRADUCTION.

1° En 1506, le 14 avril, sous le pape Jules II, troisiesme année de son pontificat ; très-vigilant messire Jacques de Vieuville, doyen de l'église cathédrale de Noyon, et grand vicaire de monseigneur Charles de Hangest, évêque comte de Noyon et pair de France, a trouvé une châsse de bois dans laquelle estoit renfermé le bras de saint Sulpice en une pièce de drap, et dessus estoit escrit : *de brachio sancti sulpitii.* Le doyen cy-dessus et grand-vicaire, au rapport de plusieurs personnes anciennes et de bonne réputation, avec la voix du peuple assemblé, fut asseuré que le bras de saint Sulpice estoit de bien longtemps dans l'église d'Escuvilly, et qu'ils le tenoient tous de leurs ancêtres être le bras du bienheureux évesque saint Sulpice. Après ce témoignage d'assurance, monsieur le doyen le transféra de la châsse de bois dans une d'argent qui est faite en forme de main et de bras, et cela en présence des vénérables et discrètes personnes messires Pierre de Sorel, Antoine Vasseron et Pierre de Basin, chanoines de Noyon, et noble homme Condomne de Sorel, seigneur temporel d'Ugny. Dans ce même instant la translation fut faite avec un grand concours de peuple et fut publicque, par led. doyen et grand vicaire, Me Gérard Canin, notaire apostolique dans la ville de Noyon interpellé Me Marie Beudabel, tabellion audit Noyon, et ont fait l'acte signé G. Canin dans la copie, qui a reçu six sols.

(Delaveau, *curé d'Ecuvilly*, 1730).

2° Ce saint monument des reliques de saint Sulpice m'a esté remis en mains et déposé par le curé du village d'Escuvilli, de peur qu'il ne feust pillé par les ennemys de guerre. Je l'ay renfermé dans la châsse des reliques de la paroisse de la Magdeleine, conservé dans notre église cathédrale le 17 juillet 1652. Signé : Leblond, grand-vicaire.

3° La présente relique de saint Sulpice, appartient à la paroisse d'Ecuvilly et a été cachée le 29 novembre 1793 à cause de l'abolition de la religion catholique faite en France par l'armée révolutionnaire. Cette relique était enchâssée dans une figure réprésentant un bras jusqu'au coude, mais ce bras a été enlevé à cause de l'argenterie dont il était composé.

Dans la chapelle de Saint-Sulpice, sont aussi inhumés :

Elizabeth Goulouzel, veuve de Jean Lefebvre, apothicaire à Noyon, mère de Louis Lefebvre, curé, décédée en 1720 ; Robert de Quénescourt, mort en 1724, âgé de 46 ans ; Marie-Jeanne-Angélique de Quenescourt, sa fille, morte en 1724, âgée de treize mois ; et Louis Lefebvre, mort le 7 décembre 1728.

Dans la nef, devant la croix :

Pierre d'Aubigny, écuyer, gentilhomme, décédé en 1684, âgé de 49 ans ; noble demoiselle Marie de Saint-Delis, dite mademoiselle d'Aubigny, parente de Louis de Saint-Delis, marquis d'Heucourt, bailliage d'Amiens, morte en 1690 ; honorable homme Pierre de Caisne, receveur des terres et seigneurie d'Ecuvilly, et syndic de la paroisse, mort en 1712, âgé de 49 ans ; Jeanne Le Manier, veuve de N... Soucanye de Noreuil, avocat en parlement, morte en 1721.

Nous avons dit que les seigneurs avaient leur sépulture dans la chapelle de la sainte Vierge. — Aucune épitaphe ne se trouve dans l'église.

Voici la liste des curés et desservants connus :

I. Eloi Regnault. 1609.

II. P. Pollet.

III. Jean Lefebvre. 1658-1667.

IV. Antoine-Jacques Nicques. 1667-1675.

V. Jean-Baptiste Payart. 1675-1702. Il était né à Catigny.

VI. Louis Lefebvre. 1702-1728.

VII. F. A. F. Pauchet. 1729.

VIII. Regnault. 1729.

IX. François Delaveau. 1730-1741.

X. François Poitevin. 1741-1760.

XI. Pierre-Léonard Baudrimont. 1760-1766.

XII. Agnan Poly. 1766-1783. D'abord curé d'Avricourt, il permuta avec le précédent pour la cure d'Ecuvilly.

XIII. Charles-Vincent-Constant Dufour. 1783-1791. Il était,

de plus, titulaire de la chapelle de N.-D. de Lizy, fondée et desservie dans l'église paroissiale d'Homblières (1) (Aisne).

XIV. DECOLZI, curé constitutionnel, jusqu'au mois de juillet 1792.

XV. ROUSSEL, ancien capucin, 1804. Né à Noyon.

XVI. BAYARD. 1805-1807.

XVII. QUENTIN MOREAU. 1807-1838. Il était né à Nesle, et y décéda le 10 décembre 1842. Son épitaphe, dans le cimetière de cette ville, porte : *Bonum certamen certave. — Sire Q. Moreau, dernier chanoine de la collégiale de Nesle. — C'est à l'école du malheur et sur la terre étrangère qu'il apprit à embellir 40 années d'une vie laborieuse et dévouée.*

XVIII. SÉZILLE. 1838-1851.

XIX. CONSTANT BROHON. 1852-1856. Il est né à Bacquencourt, dépendance d'Hombleux.

XX. CHARLES D'HAUTEFEUILLE, né à Puzeaux, canton de Chaulnes. En exercice depuis 1857.

Le cimetière, près de l'église, entouré de haies vives, avait autrefois plus d'étendue à l'est et au nord-ouest.

Le territoire communal a une étendue de 571 hectares 60 ares, tant en terres labourables, que jardins potagers, prés, bois, eaux, routes, chemins, places et propriétés bâties.

Le bureau de bienfaisance possède 511 ares 09 centiares en six parcelles, sises sur les terroirs d'Ecuvilly, Beaulieu et Cressy, près Nesle, qui étaient affermés, il y a quelque 25 ans, moyennant une redevance annuelle en nature de 16 hectolitres 35 litres environ de

(1) Les biens de cette chapelle consistaient en 30 setiers environ de terre, mesure du Vermandois, situés aux terroirs d'Homblières et de Marcy, revenu annuel : 32 setiers de blé mesure de Saint-Quentin ; charges : 12 messes basses par année, à dire dans l'église d'Homblières.

blé, distribués entre les habitants les plus nécessiteux ; maintenant cette redevance, en argent, est de 425 francs. On ne connaît plus l'origine de cette fondation charitable, qui remonte au-delà du XVIIe siècle.

Le nombre des maisons est de 102 ; celui des habitants, de 365; on comptait 79 habitations en 1720.

L'école, construite en 1850, a été fréquentée en 1858, par 20 garçons et 25 filles.

Les registres civils de la paroisse remontent à 1660 (1).

Les maires qui ont administré la commune furent :

I. Leroy, François. 1792.

II. Langlet, François. 1793.

III. Lefebvre, Jean-Louis. 1797.

IV. Capaumont, Jacques-Philippe. 1830.

V. Pingeot, Jean-Baptiste. 1831.

VI. Lefebvre, Louis-Joseph. 1837. Démissionnaire en février 1843, il reprend ses fonctions en août 1843 ; Riez, Florentin-Philibert, adjoint, remplit les fonctions de maire pendant cet intervalle.

VII. Lefebvre, François-Marcel, en exercice depuis le 25 avril 1858.

Conseillers municipaux en 1858 :

Langlet, Pascal, adjoint au maire,

---

(1) Dans celui de 1696, le curé donne la définition suivante sur l'amour surnaturel et l'amour naturel : « L'amour surnaturel venant de la grâce » s'accommode à toutes les opérations qu'il fait en nous. Ainsi les directeurs » remarquent que cet amour est doux, simple, égal, patient et tranquille » dans toutes les privations sensibles et dans toutes les épreuves où la » grâce met les âmes ; au lieu que l'amour naturel est empressé, inquiet, » ardent, délicat, sensible, inégal, avide de consolations, et facile à décou- » rager, enfin cet amour cause toutes les craintes, tous les scrupules et » tous les troubles que le parfait amour chasse. »

Lefebvre, Joseph.
Guillemont, François.
Leroy, Quentin.
Gorlet, Sulpice.
Bierre, Léonard.
Platrier, Nicolas.
Lefebvre, Jules.
Bierre, Jules.

Nous avons dit que le village d'Ecuvilly est d'époque mérovingienne, ce qui nous porte à croire à l'antiquité de cette localité, c'est le vocable de son église. L'auteur de l'histoire de l'arrondissement de Péronne dit, page 22. « La désignation du patron de » chaque église est un point fort intéressant qui peut jeter quelque » lumière sur l'origine d'une paroisse. On comprend pourquoi » beaucoup d'églises de l'ancien diocèse de Noyon ont été fondées » sous l'invocation de la sainte Vierge, de saint Eloi, de saint » Médard, etc., mais pour se rendre compte, par exemple, du » vocable de saint Sulpice donné à plusieurs autres, il faut savoir » que saint Eloi, à cause de sa reconnaissance pour son maître, » saint Sulpice le Pieux, archevêque de Bourges (624-647), eut à » cœur de répandre son culte dans son diocèse : d'où l'on pourrait » conclure que les paroisses de nos pays dédiées à ce saint remonteraient au temps même de ce pontife (1). »

Les environs d'Ecuvilly furent occupés par les Romains : une pièce d'or à l'effigie d'un empereur, des squelettes humains de grandeur remarquable, des monnaies de bronze du Ve siècle, des vases en terre et en verre, des bracelets, etc., ont été exhumés en 1815 et en 1848 aux environs du lieu dit le Moulin de Cumont, près de la route de Noyon à Roye ; des débris de vases en terre, de tuiles et plusieurs tombeaux de la même époque ont aussi été

(1) Il fut aumônier de Clotaire II, et supérieur d'une communauté de clercs qui étaient à la cour.

trouvés en 1852 entre Ecuvilly et Catigny, dans un champ près du chemin dit de l'Abbaye-aux-Bois ; et au mois d'août 1858, en face et à moins de 100 mètres de la Croisette sur la route de Beaulieu-lès-Fontaines à Nesle, près d'un chemin longeant les murailles du château moderne, qui mène de Noyon à Roye, d'autres débris semblables, des grès bruts, des fragments de ciment romain ont été exhumés d'un terrain sablonneux plus élevé que le sol environnant qui est de nature argileuse.

A Ecuvilly, comme dans les environs, après la cérémonie de la bénédiction nuptiale, les époux, en rentrant dans la maison de l'épousée, embrassent les parents l'un de l'autre, c'est-à-dire leur nouvelle famille. Au repas des noces c'est le marié qui sert ordinairement à table ; il est habit bas et debout derrière les convives, la serviette ou le tablier devant lui, et tout à leurs ordres.

Les autres coutumes et les superstitions sont les mêmes qu'à Beaulieu-les-Fontaines (1) ; toutefois l'usage par les parents d'un défunt de faire trois fois le tour de la tombe après les funérailles vient de cesser. Ajoutons qu'à la suite des funérailles, on convie à un repas, à la fin duquel on récite le *De profundis*, les parents et les amis du défunt. On sait que cet usage du repas existait chez les Romains.

Pour terminer cette notice nous donnons, en patois picard, la parabole de l'Enfant prodigue. Nous ferons observer que ce dialecte n'est plus guère parlé que par les anciens de la localité et des environs.

Ein homme aveut (2) deux fius. El pu jone di à sein peire :

---

(1) Voir la Picardie, t^e^ IVe p. 232.

(2) Cette syllabe *veut* et celles qui ont la même terminaison se prononcent comme le deuxième E de modestEment.

Mein peire, baillez-mein el part ed bien qui m'ervient ; èche peire èz zo partagi. Quitt' jour apri, el pu jone, quand il o eux r'chu touche qui li r'veneut s'est en allé bien louin d'ein pays où il o dissipé sein bien ein débeuches. Apri qu'il o eux tout dissipé il est survenu enne grannne fameine d'inche pays où èche qu'il éteut, il o q'minchi à ète d'ein l'pauverté. Qu'èche qu'il o fouait ? Il o té s'mette ein service al moizon ed quitt' z'ein d'èche pays lo, qu'il lo invoyé ass' moizon d' campaine warder chès pourcheux. Il éreut bien voulu ess' rassasier ed lu reste mais personne eine li en bailleut. Il o q'minchi à rintré ein li-même et i s'est dit : combien d' doumestiques d'ein l' moizon d'min peire, qui ont à maingi lu seu ! Et mi èche meurs ed faim ichi. Eche vo m'éraller truver mein peire épi j'li dirai : mein peire, j'ai péchi conte el ciel et contèr vu, j' ène mérite pu d'ète applé vous fiu, béyez-mein et traitez-mein comme el dernier ed vous doumestiques. I s'est en allé et pi il est venu truver sein peire. Comme il éteut écouère louin, s'ein peire il l'o aperchu, et atteindri ed pitché, il o couru à li, i s'est jeté à sin cou et pi il l'o embrachi. Apri sein fiu li dit : mein peire, j'ai péchi conte el ciel et conte vu, j'eine mérite pouein d'ète applé vous fiu. Mais ch' peire di à ses doumestiques : Apportez tout d'suite chès pu bieux habits et pi qui s'habille. Mettez-li eine bague à sein douèt et pi des soulés dein ses pieds. Allez cherchi èche vieu gro et tuez l' les ; maingeons, et fouaisons bonne chère à cause èque mein fiu, qu'ou voyez lo éteut mort et qu'il est ravigoté. Et pi iss' sont mi a fouare bonne chère. Mais èche pu viu dess z' enfants éteut dein chès camps ; il est r' venu, et approuchant dèle moizon, il o intendu èl son dèz zinstrumeints d' musique et l' bruit del danse. Il o hucqué un doumestique et pi il o d'mandé chanque chéteut. Eche doumestique li o répondu : chest vous freire qu'il est r'venu, et pi vous peire o fouet tué èche vieu gro, parche qu'il o r'truvé vous freire bien pourtant. Eche pu viu in' no té contrarié et pi in' vouleut pu reintrer. Eche peire i lo hucqué et pi il lo ingagé à venir. Sein fiu li dit : mein peire, vlo long-temps qu'èche su al moizon, j'ai toujours té bien geinti et bien obéissant danche qu'ou m'avez q' mandé, c'pendant ou n' m'avez jamouais rien bailli pour eime divertir avu m' zamis. Mais vous cadet équ' vlo, qui o maqui tout sein bien ein débeuches, à peine est-i dé r' tour qu'ou zavez fouait tué èche vieu gro pour li. Eche peire li dit : mein fiu, ou z'ètes toujours avu mi et tout chan-que j'ai chest à vu. Mais i fouleut bien fouaire ein erpos et s' réjouir, parchèque vous freire èque vlo, éteut mort, il est ravigoté, il éteut perdu et il est ertruvé.

LEROY-MOREL.

de la Société des Antiquaires de Picardie.

AMIENS, — IMP. DE LENOEL-HEROUART.

RECHERCHES GÉNÉALOGIQUES

SUR LES FAMILLES NOBLES DE PLUSIEURS VILLAGES DES ENVIRONS DE NESLE, NOYON, HAM ET ROYE, ET RECHERCHES HISTORIQUES SUR LES MÊMES LOCALITÉS.

Moyencourt et la Fourchelle, dépendance.

Moyencourt, dans le XIIIe siècle Moiencort (d'après Colliette, *Aquarum curtis,* selon son étymologie hébraïque *Moï, Eau* : *Aqua medius curtis,* étymologie plus fondée selon l'auteur de l'arrondissement de Péronne), village du canton de Roye (1), à 5 kilomètres environ au sud-est de Nesle, est situé au sud et près du Petit-Ingon (2), cours d'eau autrefois plus considérable, appelé Moyen-Pont, et plus anciennement rivière d'Ense.

SEIGNEURS, SEIGNEURIE, CHATEAU.

La seigneurie de Moyencourt était un fief qui relevait de l'évêché de Noyon.

Raoul de Moyencourt est mentionné en 1223. Au mois de janvier de cette année, il confirma la vente faite par Simon de

(1) Département de la Somme.

(2) Il a sa source entre Ercheu et Libermont, passe à Buverchy, au pont de Tomvoie, et se décharge dans l'Ingon avant d'arriver au Bis-Pont, appelé anciennement Aubin-Pont, sur la route de Nesle à Ham.

Dallon (1) et Heudiarde sa femme, à l'église de Fervaques (2) de tout ce qu'ils possédaient sur la dîme de *Vileveske*.

ROBERT DE MOYENCOURT, dit le *Foissieux*, en 12.. ; il épousa Agnès de Viry, fille d'Adam, chevalier, seigneur de Viry (3) et de Marguerite de Libermont (4).

RAOUL, dit le *Foissieux*, de Moyencourt, écuyer, sire de Viry en partie, fils de Robert et d'Agnès ; marié à Jeanne de Ville (5).

RAOUL, le *Foissieux*, sire de Moyencourt ; peut-être le même que le précédent. Le 3 juin 1294, saisine donnée par Raoul le *Foissieux* à Jean de Goussancourt (6), qui avait acheté à Jean de Pertain (7) douze muids de blé et quatre muids d'avoine, mesure de Nesle, le tout de redevance, à prendre sur la dîme de Pertain et sur la totalité du fief relevant de Moyencourt. Par ses lettres du mois de mai 1324, Raoul de Moyencourt quitte le comte de Blois des levées de la terre d'Essigny-le-Grand (8), moyennant 300 livres, que celui-ci paie au Borgne de Cramaillcs, seigneur de Ville, par sa femme, Marie de Ville.

GUILLAUME DE MOYENCOURT, seigneur de Moyencourt, allié à Jeanne Prudefemme. De leur union sont nés :

1° JEAN le *Fresseux* de Moyencourt, qui épousa, en premières

---

(1) Canton de Saint-Simon (Aisne).

(2) Canton de Saint-Quentin (Aisne). Une communauté de religieuses, sous la règle de saint Bernard, s'établit en 1140 à Fervaques, lieu alors désert. Cet établissement eut beaucoup à souffrir pendant les guerres du moyen âge. Détruit au commencement du XVIe siècle, il fut encore saccagé en 1595. En 1632, les Espagnols en chassèrent les sœurs, qui se refugièrent à Paris, puis elles vinrent se fixer à Saint-Quentin en 1648, où elles restèrent jusqu'à l'époque de la révolution.

(3) Canton de Chauny (Aisne).

(4) Canton de Guiscard (Oise).

(5) Canton de Noyon (Oise).

(6) Canton de Nesle (Somme).

(7) Même canton.

(8) Canton de Moy (Aisne).

noces, Marie de Sancourt (1), et en secondes noces, Jeanne de Fourques (2) ;

2° Simon de Moyencourt, allié à Marie Gérard, fille de Barthélemy Gérard ;

Et 3° Roberte de Moyencourt, femme de Pierre Le Belle.

Par acte du 19 avril 1377, Jean le *Fresseux*, seigneur de Moyencourt, décharge ses vassaux de tous les hommages, droits et devoirs qui lui étaient dus pour le temps de la jouissance qu'il avait eue de la terre et seigneurie de ce lieu, comme successeur de Guillaume, son père, laquelle terre, ainsi qu'il est mentionné dans cet acte, a été vendue par Jean à Hugues de Cressy (3) ; celui-ci étant décédé sans postérité, elle passa à Marie de Cressy, sa sœur, dame de Libermont, qui la vendit à Renaut de La Chapelle et à Eustachie, sa femme.

Du 9 octobre 1374, saisine donnée par les officiers de la justice de l'évêché et comté de Noyon à Marie de Cressy, sœur de Hugues, de la terre de Moyencourt.

Des mêmes jour et an, acte de vente par Marie de Cressy à Renaut de La Chapelle, moyennant 700 francs d'or (4), de la terre de Moyencourt, avec un fief de neuf journaux de terres labourables et deux journaux de pré ; et un autre fief de dix journaux de terres labourables, situés à Ercheu (5) le tout relevant de l'évêché de Noyon.

Par autre acte du 17 octobre de la même année, Marie de Sancourt,

---

(1) Canton de Ham (Somme).

(2) Hameau d'Athies, canton de Ham.

(3) Canton de Roye (Somme). Ce village se trouve sur la route de Nesle à Noyon, éloigné de la première ville de 5 kilom. environ.

(4) Les francs remontent à l'année 1360, sous le règne de Jean ; ils étaient d'or fin et pesaient 1 gros et 1 grain. On les appelait aussi *florins* parce qu'ils portaient d'un côté une croix fleurdelisée. Les florins de France, nommés aussi *deniers*, ont eu différentes valeurs ; ils valurent d'abord 12 sous ; 5 faisaient un *écu*.

(5) Canton de Roye, à 3 kilom. au sud de Moyencourt.

femme de Jean le *Fresseux*, renonce à tous les droits auxquels elle peut prétendre sur le domaine de Moyencourt.

Le 5 septembre 1375, Jeanne Prudefemme, épouse en secondes noces de Jean d'Abecourt, consent, au profit de Renaut de La Chapelle, à la cession du droit de douaire auquel elle peut prétendre sur la terre de Moyencourt.

Du 5 juin 1382, acte de renonciation par Florent de Balâtre (1) et sa femme, sœur de Marie de Cressy, à la succession de Hugues de Cressy.

Par cette renonciation, Marie reste seule propriétaire de la terre de Moyencourt, et seule capable d'en disposer, comme elle l'avait déjà fait au profit de Renaut de La Chapelle.

Autres acquisitions faites, concessions accordées, échanges, extinctions de rentes et de charges opérées par ou en faveur de Renaut de La Chapelle, seigneur de Moyencourt.

Par deux titres en latin des 26 avril et 23 juillet 1376, le chapitre de Nesle, décharge Renaut de la redevance de deux muids (2) de blé, affectée sur la terre de Moyencourt, relevant de l'évêché de Noyon, à cause de la cession faite par ledit Renaut à ce chapitre de 3 journaux et demi et un demi-quartier de terre, savoir : 3 journaux au terroir de Froidmont, entre Billancourt (3) et la maladrerie de Nesle chargés d'un denier de cens envers ledit chapitre, et 62 verges et demie au terroir de Cressy, chargées de 3 pites (4) envers le fief de Cressy.

Titre du 1er janvier 1377, portant décharge, par les Frères et Sœurs de l'hôpital de Saint-Jean de Noyon, d'un muid de blé qui était dû sur la même terre ; par compensation, Renaut cède trois setiers de terre au terroir de Noyon.

Titre du 14 février de la même année, portant décharge par le chapitre de Nesle, au nom et comme administrateur de l'hôpital de cette ville, de la redevance de 5 setiers de blé dont était grevée la terre de Moyencourt ; Renaut abandonne à cet hôpital 5 quartiers environ de terre situés entre les villages d'Herlieux et de sept fours, chargés de 8 deniers de cens envers la seigneurie d'Herly.

Vente, en 1377, par Jean de Harivaux et sa femme, à Renaut de La Cha-

(1) Canton de Roye. Balâtre est à 4 kilom. environ au sud-ouest de Cressy.

(2) Mesure équivalant à 462 lit. 5.

(3) Canton de Roye.

(4) Petite monnaie qui était le quart d'un denier tournois ou la moitié d'une obole.

pelle, du fief de Harivaux (1) avec la masure (2) en dépendant situé à Moyencourt, lequel est chargé de dix muids de blé de rente faisant le gros de la chapelle de Harivaux en la collégiale de Nesle (3).

Le 1er mars 1377, réception de Renaut, au dénombrement dudit fief relevant de la seigneurie de Lagny (4).

Le 2 janvier 1379, saisine de l'évêque de Noyon à Renaut, pour une pièce de terre où il y a fossés et bosquets, nommée *La Fourchière* (aujourd'hui *La Fourchelle*) et de 3 journaux 36 verges environ de terre, à Moyencourt.

Le même jour, acte de garantie de Pierre Le Belle et de Roberte de Moyencourt de la vente de ces 3 journaux 36 verges de terre.

Le lendemain, acte de renonciation par Jean et Simon de Moyencourt, à tous leurs droits de propriété sur cette terre.

Du même jour, quittance de l'évêque de Noyon des droits qui lui étaient dûs à cause de la vente faite à Renaut de la même terre.

Titre du 14 avril 1379, contenant décharge par les seigneur, manants, habitants et marguillers de Beaurains (5) d'un demi-muid de blé de rente dûe sur la terre de Moyencourt, à cause de l'abandon à eux fait par Renaut de 2 setiers de terre sur le terroir dudit Beaurains.

Le 13 décembre 1381, achat par Renaut de La Chapelle à Drieux de Crèvecœur (6), seigneur de Lannoy, et à Jeanne de Maintenai, sa femme, 1° d'un fief relevant de l'évêché de Noyon, consistant en 53 journaux de terres labourables et 7 journaux de pré ; et 2° de 15 journaux de terre en franc-alleu (7), le tout situé sur le terroir de Moyencourt, aux lieux dits *Harivaux* et *Es-Vaux-de-Graux*, et au marais de Ramecourt (8).

Le 6 juin 1382, permission accordée par l'évêque de Noyon à Renaut de La Chapelle, de fortifier son *chastel* de Moyencourt.

---

(1) Ce fief appartenait, en 1369, à Raoul d'Apincourt.

(2) La cave de cette masure, du XIIIe siècle, se voit encore dans la cour du château moderne, mais on en avait perdu la trace. En construisant le château actuel l'entrée de cette cave s'est effondrée alors qu'on déchargeait au-dessus de très-lourdes pierres ; et c'est faute d'avoir retrouvé plus tôt les traces de l'ancien manoir d'Hérivault que cette cave, qui porte la date 1246, ne se trouve pas sous le château moderne.

(3) La chapelle d'Harivaux était possédée, en 1790, par Remi Bacouel, principal du collége de Nesle.

(4) Canton de Lassigny (Oise). (5) Canton de Noyon (Oise).

(6) Département de l'Oise.

(7) La terre en *franc-alleu* ne relevait d'aucun seigneur.

(8) Dépendance d'Ercheu, canton de Roye.

Le 16 février 1383, accord pour la maison de La Fourchière entre Renaut et les seigneurs de Moyencourt ses prédécesseurs.

Le 4 juin 1385, échange par lequel Gérard de Roye cède une place à Moyencourt.

Le 4 août suivant, autre échange par lequel le même Gérard cède deux autres places, l'une près le château, l'autre en la rue *Fague*, tenues en fief de l'évêché de Noyon.

Le 6 novembre 1385, bail à cens par l'Abbaye-aux-Bois à Renaut de La Chapelle, de 14 journaux de pré environ, compris les chaussées, au terroir de Breuil, aboutissant à la cavée de Buverchy, moyennant 16 livres de cens annuel, avec la faculté par le preneur d'y faire un vivier, chaussée, buisses, revers, ventaux et autres ouvrages, et aussi avec la faculté de donner en échange à l'abbaye des biens de même valeur.

Le 5 mai 1386, achat à Pierre Palette et à Agnès, sa femme, d'un pré à Moyencourt.

Le 6 juin 1386, achat par Renaut, à Mathieu de Nesle, de 3 quartiers de pré, tenant au *Hem*.

Le 10 juin suivant, bail à cens par Renaut, à Michel Happart, de 2 journaux et demi et une verge de terre à Moyencourt, tenant au courtil Delvigne, moyennant 10 setiers de blé froment, 10 setiers d'avoine, mesure de Nesle, quatre chapons et quatre sous parisis de cens annuel.

Le 26 juillet 1387, échange par lequel Renaut de Voyennes (1) cède une pièce de terre de 2 journaux 14 verges au lieu dit *Thièvremont*, tenant de tous les côtés à la seigneurie de Moyencourt ; Renaut de La Chapelle donne en contre-échange 2 journaux un tiers de terre situés à l'*Esquielle*.

Le 9 avril 1388, achat par Renaut de La Chapelle à Raoul de Guivry (2) de 3 quartiers de pré, situés à Moyencourt, aboutissant à la voie de la *Rigolle* et de la *Louppe*, d'autre au jardin du seigneur.

Le 6 février 1395, vente par l'Abbaye-aux-Bois à Renaut de 3 muids de froment de rente qu'elle avait droit de prendre à Moyencourt, moyennant 30 florins d'or, et sous la faculté de rentrer dans la jouissance de cette rente après le décès de l'acquéreur et de sa femme.

Renaut de La Chapelle vivait encore en 1395.

GÉRARD D'ATHIES, archevêque de Besançon, et Gérard d'Athies, son neveu, seigneurs de Moyencourt, en 1396.

---

(1) Canton de Nesle (Somme).

(2) Canton de Chauny.

Selon quatre expéditions en parchemin datées du 11 juin de cette année, Eustachie, veuve de Renaut de La Chapelle, en son nom et comme exécutrice testamentaire de son mari, conjointement avec d'autres exécuteurs testamentaires, vend à Gérard d'Athies, oncle et neveu, le domaine de Moyencourt, moyennant 4,000 livres d'or.

Le premier est le 33e abbé de Saint-Eloi de Noyon, en 1383, il fut créé président des aides levées sur le vin dans la province de Reims, puis conseiller-général pour les contributions de la guerre, en juin 1391, et monta sur le siége épiscopal de Besançon, vers 1392. Il décéda à Paris le 20 décembre 1404 ; son corps fut inhumé dans l'église de l'abbaye de Saint-Eloi et son cœur le fût au côté droit du maître-autel de la cathédrale de Besançon.

Par son testament du 2 fevrier 1402, il lègue à Gérard et à Jean d'Athies, ses neveux, la terre de Moyencourt, tous les meubles, joyaux, canons et pièces d'artillerie qui se trouvent dans le fort du château dudit lieu ;

Il fonde la chapelle de N.-D. dans l'église de Chambly (1) pour être, cette chapelle, amortie avec les deniers de la vente d'une maison qu'il possédait à Paris, rue de l'Hirondelle, près le Pont-Neuf, et les chapelains, nommés par Gérard, son neveu, à la charge d'acquitter deux messes par semaine ;

Il donne 8 livres parisis, chaque année, pour la continuation de la procession qui se fait avant la grand'messe devant l'autel de N.-D. de la cathédrale de Paris, où il veut qu'on lui fasse un anniversaire ;

Enfin il lègue la terre du Quesnoy (2), moitié à la chartreuse du Mont-Renaut (3), et l'autre moitié aux Célestins, alors récemment fondés à Amiens.

Par titre du 13 novembre 1404, cet archevêque, qualifié sei-

(1) Canton de Neuilly-en-Thelle (Oise).
(2) Canton de Rosières (Somme).
(3) Hameau de Passel, canton de Noyon (Oise).

gneur usufruitier de Moyencourt, fonde plusieurs messes annuelles à l'abbaye d'Ourscamp.

Gérard d'Athies, son neveu, pannetier de France, était le deuxième fils de Mathieu, seigneur d'Athies; Jean, frère aîné de Gérard, aussi seigneur d'Athies, était mort en 1402 ; celui-ci eut de sa femme, dont le nom est ignoré, Gérard d'Athies, seigneur de Moyencourt en 1439, qui fut légataire de tous les biens que l'archevêque de Besançon, son grand-oncle, possédait à Rieux (1); Pierre d'Athies, autre frère, abbé de Saint-Crépin de Soissons en 1396, puis de Saint-Nicolas-au-Bois en 1403, fut, conjointement avec Gérard, exécuteur du testament du même archevêque, son grand-oncle, et Jeanne d'Athies, leur sœur, fut mariée, en 1402, à Jean, seigneur du Fay, chevalier, chambellan du roi.

Acquisitions et échanges faits, concessions obtenues, etc., par Gérard d'Athies, oncle et neveu.

Le 11 juin 1396, l'archevêque de Besançon donne sa procuration à Gérard d'Athies, son neveu, à l'effet de relever la terre de Moyencourt.

Le 21 avril, même année, vente par Jeanne, veuve de Pierre de Candeure (2) au profit de Gérard d'Athies, oncle et neveu, moyennant 75 livres d'or, d'un fief à Moyencourt, relevant de l'évêché de Noyon, sans autre déclaration ni désignation dans l'acte.

Le 17 juin suivant, vente par Eustachie et les exécuteurs testamentaires de Renaut de La Chapelle, son mari, au profit de Gérard d'Athies, oncle et neveu, d'un fief consistant en 1 journal, 10 verges de pré et 3 journaux de terre labourable, situés au chemin *Bocage* (3), relevant de la seigneurie de Moyencourt, et en arrière-fief de l'évêché de Noyon, lequel fief déclaré être grevé de la redevance de 2 setiers de blé envers la cure de Moyencourt.

Le 28 février 1397, vente aux mêmes par Jean de Moyencourt et Jeanne de Fourques, sa femme, d'un fief à Moyencourt, relevant de l'évêché, consistant en 7 journaux et demi de terre et censive, décoré de justice et

(1) Rieux-en-Beauvaisis (Oise).

(2) Aujourd'hui Candor, canton de Lassigny (Oise).

(3) C'est l'ancien chemin de Nesle à Libermont et à Fréniches.

seigneurie, grevé de 8 setiers de blé de rente, mesure de Nesle, envers les église et cure dudit Moyencourt.

Le 24 mars 1398, vente aux mêmes par Jean de Jancourt, dit *le Borgne* et Jeanne de Roye, sa femme, des droits de justice, fiefs et seigneurie, terres labourables et prés, sis à Moyencourt, sans autre declaration ni désignation dans l'acte.

Le lendemain, saisine donnée aux mêmes, de quatre fiefs à Moyencourt acquis de Jean de Graincourt dit *le Borgne*, et de Raoul de Roye.

Le 27 avril 1399, accord entre l'évêque de Noyon et Gérard d'Athies, archevêque de Besançon, pour la reconstruction de la forteresse de Moyencourt.

Le 1er février 1400, lettres accordées à l'archevêque de Besançon pour fortifier sa forteresse de Moyencourt.

Le 26 des mêmes mois et an, arrêt du parlement homologatif des lettres qui précèdent.

Le 17 mai 1402, vente par Thibaut de La Boissière, à Gérard d'Athies, oncle et neveu, d'un fief de 4 journaux de pré, situé assez près du village de Moyencourt, avec justice et seigneurie. Le 3 juin suivant, saisine aux acquéreurs de ce fief.

Le 20 août suivant, vente aux mêmes par Jean d'Argics, seigneur de Béthencourt (1) de plusieurs pièces de terres labourables et prés, situés à Moyencourt et aux environs.

Le 20 octobre suivant, saisine donnée par le seigneur de Nesle, à Gérard d'Athies, pour une rente de 8 livres parisis, à prendre sur un fief à Billancourt (2) mouvant de Nesle.

Le 21 avril et le 10 juin 1403, vente à Gérard d'Athies par Adam de Candeure, de deux fiefs, entre Moyencourt et Ramecourt, relevant de l'évêché : l'un de 9 quartiers de terre labourable, l'autre de 2 journaux et demi de pré.

Le 1er août suivant, vente au même par Jean Le Caron, de Milly, et Jeanne du Fresnoy, sa femme, d'un fief de 16 journaux de terre, au lieudit *Harivaux*, tenant au domaine de Moyencourt.

Le 14 février 1404, relief et saisine à Gérard d'Athies, de tous les immeubles par lui acquis de Simon de Moyencourt, sans aucune déclaration ni désignation.

Le 13 mars suivant, vente au même par Mathieu de Fréchencourt et

---

(1) Canton de Nesle.

(2) Canton de Roye.

demoiselle de Barleu, sa femme de 4 journaux et demi de pré en fief de l'évêché, avec la justice et seigneurie y attachées, tenant à la rigolle de la rivière de Moyencourt et au chemin de ce village à Breuil (1).

Le 10 juin suivant, vente à Gérard d'Athies, oncle et neveu, par Enguerrand du Fay et Etienne de Brion, sa femme, de deux fiefs, relevant de l'évêché de Noyon, l'un situé à Ercheu, consistant en 12 journaux et demi de terres, en plusieurs pièces, l'autre en 13 journaux et demi de bois entre Hallon et Fréniches.

Le 31 octobre suivant, vente aux mêmes par Simon de Moyencourt d'un fief, à Moyencourt relevant de l'évêché, consistant en plusieurs pièces de terres labourables et prés, avec censives. Le même jour, renonciation de Jeanne Gérard, femme de Simon, à tous droits de douaire auxquels elle peut prétendre sur ce fief.

Le même jour, titre par lequel Simon de Moyencourt remet à Barthélemy Gérard, son beau-père, la somme de 140 livres, partie du prix de ladite vente pour être employée en achat d'héritages, du produit de 12 livres de rente, au profit de Marie Gérard, femme de Simon, pour lui tenir lieu du douaire qu'elle avait sur ce fief.

Le 19 janvier 1406, Gérard d'Athies, seigneur de Moyencourt, donne à Gérardin d'Athies, son fils aîné, la totalité du fief d'*Harivaux*.

Le 13 juin suivant, vente par Mahieu de Fréchaucourt à Gérard d'Athies, d'un fief à Ercheu, consistant en cens et droit de 4 gerbes, sans autre déclaration ni désignation dans l'acte.

Le 1er mai 1408, vente au même par Jean Cavé et Nicaise Delaporte, sa femme, de 9 quartiers de pré, mesure d'Ercheu, situés à la fontaine en la prairie de Ramecourt.

Le 18 juillet 1409, vente au même par Elisabeth de Hangest, dame de Henguèville, d'un fief à Cressy et aux environs, relevant de Simon Blondel, écuyer, consistant en 5 muids et demi de blé, mesure de Nesle, de redevance annuelle.

Le lendemain, échange par lequel l'Abbaye-aux-Bois cède au même 25 journaux 4 mines 18 verges et demi tant terres labourables que prés et chaussées à Breuil, pour faire un vivier, en contre-échange de 20 livres de rente annuelle.

Le 16 juin 1410, saisine à Gérard d'Athies du fief précité, venant de Mahieu de Fréchaucourt.

---

(1) Canton de Roye ; Breuil est à 1 kilom. N. de Moyencourt.

Le 28 avril 1412, vente au même par Renaut Linglantier de la totalité d'un fief de 64 journaux de terre labourable à Wailly (1), relevant de Nesle, avec les arrière-fiefs, c'est-à-dire, les hommages et les censives en dépendant.

Le 31 mars 1413, permission donnée par l'évêque de Noyon à Gérard d'Athies, de faire construire un pont-levis à la porte de son château de Moyencourt.

Le 4 octobre suivant, vente au même par Gilles Blondel, de 2 muids de grains, moitié blé, moitié avoine, à prendre sur un fief de 57 journaux de terres labourables, relevant de Nesle, aux terroirs de Cressy, Billancourt et Nesle.

Le 24 novembre suivant, vente à Gérard d'Athies, par Blanchet du Solier (2) et Marie Helbuène, sa femme, consistant en plusieurs pièces de terres labourables et prés, à Moyencourt.

Le 21 février 1414, vente à Gérard d'Athies, par l'Abbaye-aux-Bois, de 3 muids de blé froment de rente dûs à cette abbaye sur plusieurs héritages

---

(1) Hameau d'Ercheu, entre ce village et Cressy, à 200 mètres environ de la route de Nesle à Noyon, dont il ne reste plus que l'emplacement, et où l'on comptait encore quatre habitations en 1720. Ce lieu était une maladrerie au XIIIe siècle.

(2) Il était gouverneur de Nesle en 1416. On lit dans Monstrelet, livre Ier chap. CLXV, où ce chroniqueur parle d'une bande de partisans, commandés par Mauroy de Saint-Léger et d'autres capitaines qui se disaient du parti du duc de Bourgogne : « ...... et puis de là (Mouy, Oise), s'en allèrent à Nesle » en Vermandois, appartenant au comte de Dammartin. Et se rassemblèrent » là plusieurs desdits capitaines, entre lesquels était messire Mauroy, dessus » nommé. Lesquels en conclusion assaillirent icelle ville ; et de fait la » prirent de force, nonobstant la défense des habitants qui grandement en » firent leur devoir. Et y eut plusieurs hommes morts et les autres navrés, » et très-grand'foison de prisonniers ; desquels prisonniers fut principal le » gouverneur de la ville, nommé messire Blanchet du Solier. Si fut la ville » du tout pillée, et y avoit des biens largement car la foire y étoit.

» Et après ce qu'ils eurent été là environ quinze jours pour vendre leur » butin et attendre la rançon de leurs prisonniers, se départirent, emmenant » sur chars et charrettes biens sans nombre. Lesquelles besognes venues à » la connoissance du roi, de son connétable et de son grand conseil, furent » très-mal contents d'iceux capitaines, et aussi du duc de Bourgogne, auquel » ils se disoient...... »

à Moyencourt, dépendant de son église, pour en jouir, l'acquéreur, sa vie durant et Gérardin d'Athies, son fils, aussi sa vie durant.

Du même jour, concession par ladite abbaye, au profit de Gérard, d'une place à Breuil, où il y avait auparavant une maison, contenant 2 journaux, moyennant 16 sous de rente annuelle envers l'église de l'Abbaye-aux-Bois.

Le 10 novembre suivant, permission donnée par l'évêque de Noyon à Gérard d'Athies, de faire nettoyer et curer les fossés du château de Moyencourt, et de faire achever la tour ronde au coin de ce château.

Le 9 avril 1415, vente au même par Enguerrand du Fay, du fief de la Brethecque, relevant de Nesle, situé au faubourg Saint-Jacques de cette ville, et appartenant anciennement au chapitre de la même ville.

Le 26 mai suivant, vente par l'abbesse de l'Abbaye-aux-Bois de la rente de 6 livres parisis qui lui était dûe par Gérard et Gérardin d'Athies, père et fils, seigneur de Moyencourt, moyennant 42 livres parisis.

« Guérard d'Athies et le seigneur de Moyencourt, rapporte » encore Monstrelet, furent des principaux capitaines du duc de » Bourgogne..... Le samedy 31 aoust furent faits moult en haste » nouveaux chevaliers entre lesquels Guérard d'Athies et le » seigneur de Moyencourt. »

Gérard d'Athies, seigneur de Moyencourt, avait épousé Jeanne de Soyécourt, fille de François IIe du nom, seigneur de Soyécourt, de Franvillers (1), de Grand-Manoir, près Lihons (2), et de Péronne de Pisseleu. Ils survécurent à leurs enfants qui moururent sans postérité.

Gérard d'Athies, fils de Jean d'Athies, seigneur de Moyencourt et de Goussancourt (canton de Nesle), en 1439 (3). Il épousa

(1) Canton de Corbie (Somme).

(2) Canton de Chaulnes (Somme).

(3) Il est fait mention à cette époque de Charles d'Athies, que le même chroniqueur nomme, en 1427, Charles de Moyencourt ; c'était un autre fils de Jean d'Athies.

Le 23 janvier 1420, foi hommage à l'évêque de Noyon par Charles d'Athies, seigneur d'Estrées et d'Andechy (Somme), à cause d'un fief de 60

Jeanne Aliénor de Soissons, fille de Thibaut ou Raoul de Soissons, seigneur de Morcuil et de Cœuvres, chevalier et chambellan du roi, capitaine et gouverneur de la ville de Soissons pour le duc d'Orléans, et de Marguerite de Poix, dame d'Arcy. Gérard étant mort sans postérité, institua, le 19 novembre 1461, héritier de la terre et seigneurie de Moyencourt et dépendances, ainsi que de son nom et de ses armes (1) GÉRARD DE FAY, fils de Charles de Fay, son cousin-germain.

Titre du même jour où Gérard du Fay déclare que cette donation lui est faite sous la réserve de l'usufruit au profit du donateur sa vie durant, accordant Gérard du Fay à Gérard d'Athies la faculté de révoquer ladite donation en lui payant 2,000 écus d'or.

Par son testament de 1479, Jeanne de Soissons lègue à dix pauvres de Moyencourt, pour leur être distribués le Vendredi-Saint de chaque année 2 muids de blé à prendre sur la terre de Goussancourt.

Gérard du Fay-d'Athies, seigneur de Moyencourt, de Braye, de Soisy, épousa Catherine d'Inchy, dame d'honneur de Marie,

---

journaux de bois au terroir d'Ercheu, et d'un autre fief à Tomvoie, entre Breuil et Quiquery de 22 journaux et demi de pré, avec la chaussée.

Le 5 novembre 1466, dénombrement de Jeanne de Soissons, dame de Goussancourt, etc., veuve de feu messire Gérard d'Athies, chevalier, seigneur de Moyencourt, fourni et présenté à Mgr le comte de Boulogne et d'Auvergne, seigneur de la tour de Briot, d'un fief qu'elle tient et avoue tenir dudit seigneur, à cause de son chastel et seigneurie dudit Briot (canton de Nesle).

Et premier la motte revestue de fossez, sur laquelle était anciennement le vieil chasteau de Goussancourt, contenant ladite motte demi-journal ou environ ; — item le bocquet contenant un journal, tenant à..... item un camp (champ) contenant 6 journaux, tenant à..... item un camp coutenant 9 journaux,..... item un autre camp contenant 4 journaux, tenant à..... qui sont aux pauvres et curé de Morchain..... — Et sont lesd. terres au journal et à la verge de N.-D. de Soissons qu'on dit le Meige.....

(1) D'Athies portait : *d'or à trois fasces de sable.*

héritière de Bourgogne, comtesse de Flandre. De cette union est issue :

MARIE DE FAY-D'ATHIES, dame de Moyencourt et de Chépine, épousa, en 1499, Louis de Hangest IIe du nom, seigneur de Montmor et de Chaleranges, conseiller et chambellan du roi, gouverneur de Mouson, grand-écuyer de la reine de Bretagne. Il assista, en 1520, à la réformation de la coutume d'Amiens.

Du 31 janvier 1497, copie collationnée de la donation faite par Gérard du Fay-d'Athies, à Marie, sa fille, de la terre et seigneurie de Moyencourt et d'autres fiefs en dépendant, mouvant de Noyon.

Ce même jour, saisine accordée par l'évêque de Noyon à Marie d'Athies sur la donation ci-dessus, sous la réserve de l'usufruit au profit du donateur.

Du 12 août 1498, acte de curatelle pour ladite Marie, à l'effet de pouvoir par elle-même disposer de l'usufruit de la terre de Moyencourt.

Le 25 octobre suivant, ratification par Gérard du Fay-d'Athies et Catherine d'Inchy, sa femme, de l'émancipation de Marie, leur fille, par lettres expédiées en la justice de l'évêque de Noyon, seigneur suzerain.

Le même jour, donation par Gérard à sa fille, de plusieurs fiefs relevant de Nesle et d'Athies.

Du 21 mai 1499, copie collationnée du contrat de mariage de Louis de Hangest avec Marie du Fay-d'Athies (1).

Le 11 février 1504, prise de possession par Louis de Hangest d'une maison et de 5 journaux de bois à Moyencourt.

Le 11 mai 1516, quittance de 200 livres donnée par les marguilliers et les paroissiens de Moyencourt à Catherine d'Inchy, pour le rachat par elle d'une rente de 10 livres affectée à sa terre de Moyencourt.

De ce mariage sont issus trois enfants :

1° Joachim de Hangest, qui va suivre ;

2° Yves, seigneur d'Ivoy, tué à la prise du château de Saint-Pol, en 1537 ;

3° Philippe, mariée en 1520 à Jean d'Aspremont, seigneur de Busancy et d'Amblise.

---

(1) Les armes de la famille du Fay-d'Athies étaient : *d'argent semé de fleurs de lis de sable.*

Anselme fait mention d'Anne Raguier, vers 1560, veuve de François de Hangest, seigneur de Moyencourt.

JOACHIM DE HANGEST, seigneur de Moyencourt, de Montmor et d'autres lieux, capitaine de cinquante hommes d'armes. Il s'enferma dans Péronne en 1536, où il soutint les assauts de l'armée impériale, périt avec le seigneur d'Ivoy, son frère, à la prise du château de Saint-Pol qu'il gardait, d'où il était sorti en armes pour le secourir. Il avait épousé, le 25 août 1525, Françoise de La Mark qui mourut peu de temps après ; il se remaria, le 20 juillet 1529, à Isabeau de Montmorency. N'ayant point eu d'enfants de ces deux femmes, il prit une troisième alliance avec Louise de Mouy, veuve du seigneur d'Offémont, de laquelle il eut Jeanne de Hangest (1).

Le 29 mars 1527, transaction entre Louis de Hangest et Marie d'Athies son épouse, père et mère de Joachim, d'une part, et le seigneur de Rambures et la dame de La Mark ou de La Marche, son épouse, d'autre part ; relativement aux reprises matrimoniales exercées par ces derniers, comme héritiers de Françoise de La Marche, épouse de Joachim de Hangest, décédée sans postérité.

Mémoire à consulter et consultation à la suite, sans date, relativement aux prétentions et mariage dudit Joachim, à qui, depuis, la terre de Moyencourt a été donnée par ses père et mère, pour s'acquitter envers lui des 23,000 livres qu'ils lui avaient promis.

Le 29 octobre 1534, transaction par laquelle Louis de Hangest et Marie d'Athies, sa femme, donnent à Joachim, leur fils, entre autres terres, celle de Moyencourt, à la charge de payer quelques sommes à des particuliers.

Le 22 novembre 1534, foi et hommage de Joachim de Hangest à l'évêque de Noyon, à cause de la terre de Moyencourt et d'autres fiefs relevant de l'évêché.

Quittance de 232 livres, du 24 février 1535 donnée par le chapitre du Mont-Saint-Quentin, à Joachim d'Hangest, pour arrérages de la redevance de 3 muids de blé qu'il devait audit chapitre sur la terre et dîme de Pertain, dont il est propriétaire.

---

(1) Armes de la maison de Hangest : *d'argent à la croix de gueules chargée de cinq coquilles d'or.*

Le 25 mars 1536, vente à réméré par Joachin, à Jean Burier, chanoine de Nesle, de 38 journaux de terres labourables, en plusieurs pièces, au terroir de Billancourt, en fief de Nesle.

Le 13 juin 1561, vente devant Banyn et Demeulan, notaires à Nesle, par Pierre Coquerel, à PIERRE DE HANGEST, fils naturel de Joachim de Hangest, seigneur de Moyencourt, 1° d'une maison et son jardin, contenant deux journaux environ, mesure d'Ercheu, compris les fossés, situés à Moyencourt d'un long à..... chargés de 10 livres de rente et de 20 sous et un chapon de cens envers la seigneurie du lieu ; et 2° d'un demi-journal de pré, d'un bout à la rivière de Moyencourt, d'autre à....., chargé d'un chapon et demi et d'un denier parisis de cens envers Pierre Burier d'Ercheu.

JEANNE DE HANGEST, dame de Moyencourt, de Chaleranges et d'autres lieux, épousa Philippe de Maillé, vicomte de Verneuil et du Vergier, capitaine des gardes du corps, tué au camp de Valenciennes sans laisser de postérité ; elle épousa, en secondes noces, Claude Daguerre, baron de Vienne-le-Châtel, dont elle eut une fille nommée Chrétienne. Jeanne vivait encore en 1597.

Le 13 décembre 1552, relief de la terre et seigneurie de Moyencourt fait à l'évêché par Philippe de Maillé, comme mari et bail de Jeanne de Hangest.

Le 27 juillet 1557, pareil relief de Claude Daguerre.

CHRÉTIENNE DAGUERRE (1), dame de Moyencourt, épousa, en novembre 1572, Antoine de Blanchefort, seigneur de Saint-Janvrin, de Targé, de Saint-Sévère et de Mirebeau, fils aîné de Gilbert de Blanchefort (2), seigneur des mêmes lieux, qui avait épousé, en janvier 1543, Marie de Créqui, fille unique de Jean VIIIe du nom, sire de Créqui et de Canaples, prince de Poix, et de Marie d'Acigné. Antoine fut institué héritier de tous les biens de la maison de Créqui par Antoine de Créqui, cardinal-évêque d'Amiens, son oncle maternel, à condition par lui et ses

---

(1) La famille Daguerre portait.....

(2) Blanchefort, armes : *de gueules à deux léopards d'or.*

successeurs de porter le nom et les armes de Créqui (1). Antoine de Blanchefort étant mort, Chrétienne, sa veuve, prit une autre alliance avec François-Louis d'Agoult, comte de Sault (2), dont elle eut un fils, mort sans postérité, lequel institua sa mère héritière de tous ses biens, et elle les donna à son fils du premier mari, Charles de Créqui qui suit :

Charles, sire de Créqui, prince de Poix, duc de Lesdiguières, seigneur de Moyencourt, pair et maréchal de France, chevalier des ordres du roi, lieutenant-général de ses armées et gouverneur du Dauphiné, a été l'un des plus célèbres capitaines de son temps. Depuis 1594, époque du siége de Laon jusqu'à sa mort arrivée le 17 mars 1638, il porta les armes pour le service des rois de France. Il avait épousé, 1° en mars 1595, Madeleine de Bonne, fille de François, duc de Lesdiguières, pair et connétable de France et de Claudine Béranger sa première femme, et 2°, en décembre 1623, Françoise de Bonne sa belle-sœur, fille du même connétable et de Marie Vignon sa seconde femme. Il n'eut des enfants que de sa première femme :

1° François de Bonne-de Créqui-d'Agoult-de Vesc-de Montlaur-de Montauban, duc de Lesdiguières, pair de France, chevalier des ordres du roi, qui continua la branche des ducs de *Lesdiguières ;*

2° Charles IIe du nom, sire de Créqui et de Canaples, mestre-de-camp du régiment des gardes, mourut des suites de la blessure qu'il reçut au siége de Chambéry la nuit du 14 au 15 mai 1630. Il avait épousé Anne du Roure, fille de Claude, seigneur de Bonneval et de Comballet et de Marie d'Albert Luynes, dont quatre enfants :

1° Charles III du nom, duc de Créqui, seigneur de Moyencourt, pair de France, prince de Poix, chevalier des ordres du roi, et lieu-

---

(1) Créqui, armes : *d'or au créquier de gueules.*

(2) Agoult de Sault, armes : *Ecartelé, au 1 d'or, au loup rampant armé et lampassé d'azur ; au 2 d'azur à trois tours d'or ; au 3 de gueules à trois pals d'argent au chef d'azur ; au 4 d'or à deux lions d'azur.*

tenant-général de ses armées, premier gentilhomme de sa chambre et gouverneur de Paris. Il fut chargé d'aller à Munich porter les présents de noces à la princesse Marie-Anne-Christine-Victoire de Bavière, et de l'amener en France pour épouser Louis, dauphin, fils du roi Louis XIV. Il mourut à Paris, après une longue maladie, le 13 février 1687, âgé de 63 ans ; 2° François, mort jeune, 3° et 4° Alfonse et François de Créqui, qui vont suivre ;

3° Françoise de Créqui, mariée en septembre 1609 à Maximilien de Béthune, marquis de Rôny, grand-maître de l'artillerie, morte le 23 janvier 1657 ;

Et 4° Madeleine de Créqui, mariée en juillet 1617 à Nicolas de Neufville, duc de Villeroy, pair et maréchal de France, morte le 31 janvier 1675, âgée de 66 ans.

Le 7 mai 1611, acte de souffrance (1) accordé par main souveraine à Charles, sire de Créqui, prince de Poix, etc., héritier de Chrétienne Daguerre, comtesse de Sault, dame de Moyencourt.

1618, dénombrement de la terre de Moyencourt donné à l'évêché de Noyon par Charles. L'article 100e *bis* de ce dénombrement porte : « Item » (je dois) à l'église de N.-D. de Noyon, chacun an, le jour de la Chandeleur » un cierge de cire de la pesanteur de 25 livres ; et à cause de ce, et à » raison de mon dit fief, je suis casé de mon dit sieur évêque et pour raison » dudit *casement* je suis et dois être quitte pour tous mes biens, même » chevaux, voitures, harnois, francs et quittes à nous et en toute la terre, » de mon dit sieur de péages, cauchis, tonneliers, mesurages, *bachinaiges*, » et tous mes grains et de toutes coutumes, redevances, et ai et dois avoir » tous les autres droits, priviléges et libertés que les autres hommes casés » de mon dit sieur y ont. »

L'article 142 du même dénombrement porte aussi que les anciens seigneurs de Moyencourt, pour être déchargés de 4 muids 6 setiers de blé que le curé du lieu prétendait avoir droit de prendre sur leur terre, ont abandonné les terres labourables et prés déclarés à cet article, sous la réserve de la directe seigneurie sur eux.

---

(1) On appelait *souffrance* une surséance ou délai pour faire foi et hommage, que le seigneur accordait à son nouveau vassal pour quelque cause juste, comme minorité ou absence nécessaire.

Le 1er avril 1625 vente faite par Françoise Dufour, veuve de Jean Liévrard, au profit de M. le maréchal (Charles) de Créqui, seigneur de Moyencourt, d'une maison, héritage et lieu, renommés contenir 125 verges, situés audit Moyencourt, devant le donjon du château, tenant à la rue conduisant dudit château à la pêcherie, à la charge de cens envers la seigneurie et d'un surcens envers les église et cure dudit lieu.

Le 7 juillet 1638, relief d'Anne du Roure, veuve de Charles de Créqui, tutrice de ses enfants mineurs, donataires et cohéritiers des biens tant de la maison de Créqui, que du seigneur duc de Créqui, leur aïeul.

Le 8 août 1643, saisie féodale faite par les officiers du marquisat de Nesle, des fiefs dépendant de la seigneurie de Moyencourt, relevant de ce marquisat par la prise d'une maison, chambre, grange, étable, cour, jardin, héritage et lieux, situés sur la place à Nesle, tenant d'une lisière à Simon Dumont, d'autre à la rue Gaillarde, d'un bout pardevant sur le marché, d'autre, parderrière, aux héritiers François Duhamel, ladite maison appartenant à Nicolas Soucanye, tenue en censive de la seigneurie de Moyencourt, à cause des fiefs y réunis mouvants dudit marquisat.

Le 29 octobre 1655, relief de Charles (IIIe du nom) duc de Créqui, comme héritier du maréchal de Créqui (Charles Ier du nom), son aïeul.

Alfonse de Créqui, comte de Canaples, seigneur de Moyencourt, etc., devint duc de Lesdiguières, pair de France, par l'extinction des branches aînées de sa maison, mourut le 5 août 1711, âgé de 85 ans, sans postérité de Gabrielle-Victoire de Rochechouart, fille de Louis, duc de Vivonne et de Mortemar, pair et maréchal de France, et d'Antoinette de Mêmes, qu'il avait épousée le 12 septembre 1702.

François, sire de Créqui, marquis de Marines, seigneur de Moyencourt, etc., frère du précédent et quatrième fils de Charles IIe du nom, sire de Créqui et de Canaples, et d'Anne du Roure, épousa Catherine de Rougé, fille de Jacques, seigneur du Plessis-Bellière, et de Suzanne du Bruc, morte le 5 avril 1713. Après avoir servi le roi et l'Etat avec beaucoup de valeur et une grande distinction, il mourut à Paris le 4 février 1687. Leurs enfants furent :

1° François-Joseph, marquis de Créqui, seigneur de Moyencourt, etc., né en 1662, colonel du régiment de la Fère en 1677, et du régiment d'Anjou en 1680, puis lieutenant-général des armées du roi, fut tué au combat de Luzzara, en Italie, le 13 août 1702, regretté pour sa valeur et ses belles qualités. Il avait épousé, le 4 février 1683, Anne-Charlotte d'Aumont, fille de Louis-Marie, duc d'Aumont, pair de France, chevalier des ordres du roi, et de Madeleine-Fare Le Tellier, sa première femme, dont il eut trois filles, mortes jeunes.

Et 2° Nicolas-Charles, sire de Créqui, marquis de Blanchefort, comte du Passage, baron de Dommart, etc., maréchal-des-camps et armées du roi, mestre-de-camp du régiment de cavalerie d'Anjou, et commandant la cavalerie depuis l'Escaut jusqu'à la Lys, mort sans alliance à Tournai le 16 mars 1696, âgé de 27 ans, en réputation de l'un des plus braves gentilshommes de l'armée du roi.

Le 16 juillet 1687, acte de foi-hommage devant Benoist, notaire à Nesle, à la requête de Catherine de Rougé, veuve de François, sire de Créqui.

Le 24 juillet 1690, autre acte semblable, devant le même notaire, à la requête de la même personne, tant pour elle que pour François-Joseph, marquis, sire de Créqui, son fils.

En 1700, Catherine de Rougé est qualifiée dame de Moyencourt.

Le 1er juillet 1707, acte d'offre de foi-hommage pour les enfants de Jean-Gilles de Rougé, marquis du Plessis-Bellière, et de Florimonde de Lanteney-du-Crosne, sa veuve.

Le 18 novembre 1709, relief de la maréchale de Créqui et d'Alfonse, sire de Créqui, héritiers de François-Joseph, sire et marquis de Créqui.

Le 13 août 1713, acte de souffrance aux marquis du Plessis-Bellière pour relever.

Le 20 septembre 1719, souffrance accordée aux enfants de Jean-Gilles de Rougé, pour fournir dénombrement.

Le 4 juillet 1724, surséance de six mois accordée à Louis de Rougé, marquis du Plessis-Bellière pour son relief.

Le 29 mai 1728, relief dudit seigneur marquis.

Adrien Binet (1), receveur de la seigneurie de Moyencourt avant et en 1714 devint, le 25 septembre de cette année, par acquisition,

---

(1) Les armes de cette famille étaient : *de gueules à la croix pattée d'argent.*

propriétaire pour moitié de cette seigneurie (1) et continua d'être receveur de l'autre moitié pour JEAN-GILLES DE ROUGÉ (2), chevalier, marquis du Plessis-Bellière, émancipé d'âge et jouissant de ses droits, sous l'autorité du sieur Rosier, bourgeois de Paris, son curateur. Devenu propriétaire de l'autre moitié en 1736, Adrien Binet, lors de sa mort, arrivée le 30 mars 1748, était qualifié écuyer, conseiller et secrétaire du roi maison et couronne de France, seigneur de Moyencourt, Breuil, Petit-Champien et d'autres lieux. Il avait épousé Catherine Lemoine, qui décéda à Nesle, où elle faisait sa résidence, le 3 mai 1760, âgée de 70 ans, et fut inhumée auprès de son mari dans la chapelle de Saint-Antoine de l'église de Moyencourt.

De leur mariage sont provenus :

1° Marie-Catherine, mariée le 1er février 1729 à Pierre-Edme Moreau, écuyer, conseiller et procureur du roi en la maitrise des Eaux-et-Forêts de Chauny, puis, en 1759, lieutenant-général des baillage, gouvernement et prévôté de cette ville, fils de Edme Moreau, écuyer, et de Jeanne Le Cerf, de Fisme en Champagne, Marie-Catherine Binet était morte en 1759 ;

2° Marie-Françoise, dame d'Amy-le-Petit, mariée le 14 septembre 1734 à Nicolas-Marie-Joseph De Lettres, avocat en parlement, bailli-général des duché et pairie de Guise, fils de Michel-Joseph De Lettres, vivant bailli-général des mêmes duché et pairie, et de feue Denise Gabrielle Du Drot. Nicolas-Marie-Joseph, résidant à Nesle en 1760, mourut en cette ville le 25 juin 1773,

---

(1) Elle consistait en haute, moyenne et basse justice, en deux châteaux seigneuriaux et leurs dépendances de Breuil, Amy-le-Petit, le Petit-Champien, des fiefs d'Hérivault, de la Tombelle et d'autres lieux au nombre de vingt fiefs, ainsi qu'il est mentionné dans l'acte de relief du 4 juillet 1715, devant Martine de Fontaine, bailli-général de la ville et comté de Noyon.

(2) En 1675, Jean Binet, père, Charles et Nicolas Guenin, frères et beau-frère, étaient conjointement receveurs de cette seigneurie. Le premier était en même temps receveur de la terre et seigneurie de La Viéville près Ham.

sa femme y décéda aussi le 7 juin 1770. Michel-Nicolas-Joseph, leur fils, écuyer, seigneur de l'Epinay, paroisse de Moreuil, diocèse d'Amiens, épousa, en novembre 1775, à Royal-Lieu, paroisse de Saint-Germain-lez-Compiègne, Adélaïde-Olympe Le Carlier, née en 1746 à Herly, près Nesle, troisième fille de Jacques-Nicolas Le Carlier, chevalier, seigneur d'Herly, Herlieux, Curchy, Etalon, Fonchettes (1), Punchy (2), et d'autres lieux, et de Louise-Olympe de Berry-d'Essertaux ;

3° Marie-Jeanne Rénée, qui habitait l'abbaye royale de Monchy en 1759 ;

4° et 5° Joseph-Adrien, qui va suivre, et Marie-Marguerite, jumeaux, nés le 23 mai 1726 ;

Et 6° Adrien-Nicolas-Eloi, né le 22 mai 1730.

Joseph-Adrien Binet, écuyer, seigneur de Moyencourt, de Breuil, de Lannoy (3), de Petit-Champien et d'autres lieux, épousa, vers 1749, Françoise Lemoine-d'Onnechy ; il mourut le 8 juin 1797. C'est lui qui fit construire le château moderne en 1766, assez jolie construction, placé au nord du village, sur l'ancien fief d'Harivaux.

Le 18 décembre 1769, échange entre le seigneur de Moyencourt et plusieurs particuliers du même lieu, par lequel il est cédé audit seigneur 4 journaux de terre près la grille du château neuf.

Le même jour et an, autre échange avec l'église et la fabrique du lieu, par lequel il est encore cédé audit seigneur une pièce de terre près la grille de ce château.

---

(1) Canton de Roye.

(2) Canton de Rosières.

(3) En 1582, le seigneur de Moyencourt, était aussi seigneur de Lannoy (dépendance d'Ercheu). Cette dernière seigneurie fut vendue le 22 mai ou juin 1762 par le s[r] de Saint-Tropez et sa femme, moyennant 63,000 livres, à Joseph-Adrien Binet, qui la revendit, le 29 septembre 1777 à Jean-Antoine Leclercq, écuyer, seigneur de Ramecourt (autre dépendance d'Ercheu), contrôleur ordinaire des guerres.

De cette dernière union sont issus :

1° Adrien Binet, né le 17 octobre 1750, mort âgé de 11 jours ;

2° N..... Binet, né le 27 octobre 1751, mort le même jour ;

3° et 4° N..... Binet, garçon et fille, nés le 17 août 1752, ne vécurent qu'un jour ;

5° Georges-Réné-Adrien-Alexandre, né le 2 octobre 1753, mort le 26 mai 1755.

6° Georges-Adrien-Eloi, qui va suivre ;

7° ..... Binet, né le 29 avril 1757, mort sans être nommé ;

Et 8° Rénée-Catherine-Françoise, née en 1759 et morte à Nesle le 9 décembre 1825, avait épousé, le 31 juillet 1787, Joseph-Parfait Amyot, âgé de 40 ans, chevalier de Saint-Louis, seigneur de Treilles en Gatinois et de Courtempierre, capitaine de dragons et lieutenant des maréchaux de France, né à Paris, fils de François-Pierre Amyot, chevalier. seigneur de Noisy-le-Grand, la Chauvennerie, etc., mort en son château de Courtempierre le 14 août 1827, âgé de 79 ans, et de feue dame Marie-Anne Hatte de Montizembert. De leur union sont issus : 1° Amélie-Marie-Parfaite Amyot, née à Moyencourt, le 8 juillet 1788 ; 2° Françoise-Gabrielle, née à Treilles (Loiret), le 19 décembre 1789, morte à Ham, le 8 juin 1820, et inhumée dans l'église de Moyencourt ; 3° Aglaé-Marie-Joséphine, née aussi à Treilles, le 19 juillet 1791 ; 4° Armand-Parfait-Edouard, né à Moyencourt, le 14 juillet 1795, épousa, le 24 juin 1826, Olympe de Witasse de Fontaine-lès-Cappy (Somme), née le 11 mars 1805, dont postérité ; 5° Victoire-Elisabeth-Joséphine-Clarice, née à Courtempierre (Loiret), le 19 mars 1798, mariée le 12 novembre 1823 à Alfred Le Picard de Formigny, capitaine aux lanciers de la garde royale ; Et 6° Adrien-Victor, né à Courtempierre, le 27 juillet 1801, mort au même lieu, âgé d'un an.

Georges-Adrien-Eloi Binet (1), né le 26 juillet 1755, écuyer,

---

(1) Armes de la famille Binet de Moyencourt : *d'azur à la fasce d'or, accompagnée en chef d'une étoile d'argent et en pointe de deux épis de blé d'or posés en pal.*

ancien mousquetaire gris et garde du roi, maire de Moyencourt en 1808, mourut le 26 juillet 1830, en son château dudit Moyencourt. De Marie-Félicité-Victoire de Vion-Desmureaux, morte le 31 juillet 1815, âgée de 47 ans, qu'il avait épousée à Paris, le 8 novembre 1790, fille de Jacques-Louis de Vion-Desmureaux et de Marie-Françoise Démarchez, sa femme, il eut deux enfants :

1° Marie-Georges-Félix Binet, né à Paris, marié en premières noces, en 1809, à N..... Greuet, de Bacquencourt, décédée sans postérité, et en secondes noces, à Douai, à la comtesse Honorine-Henriette-Virginie Maroniez, née en 1797, morte au château de Guiscard, le 6 décembre 1848. Son épitaphe se voit dans le cimetière de ce bourg.

Trois fillessont nées de cette union.

Et 2° Paul-Jean-François Binet, qui épousa à Noyon, en juin 1817, Emélie Margerin, fille de François-Marie Margerin, de Noyon, d'une famille originaire de Saint-Quentin, anoblie par le roi Henri IV, et de Marie-Jeanne-Josèphe-Marguerite Bocquet, son épouse.

De ce mariage sont issus :

1° Alexandre Gabriel-Xavier Binet de Moyencourt, né à Noyon le 9 août 1818, épousa à Paris, au mois de Janvier 1844, Louise-Clarice-Léonie Hilaire, fille d'Antoine Hilaire, et de Victoire-Adélaïde Dumont, son épouse. Il mourut à Paris, le 30 avril 1844. Son fils unique, mort en bas âge, aussi à Paris, était le dernier rejeton de la famille Binet de Moyencourt.

Et 2° Pauline Binet, née à Noyon le 12 juin 1823, épousa à Moyencourt, le 14 décembre 1846, Charles-Auguste-Eugène de Launay, fils de Jacques-François-Marie de Launay, ancien sénateur et propriétaire du château de Mailly, près Albert. Mme de Launay, décédée à Amiens, le 20 novembre 1847, fut inhumée à Mailly, ainsi que son mari, mort le 28 août 1859.

De leur mariage est issu un fils unique, Emile de Launay, né à Amiens le 1er novembre 1847.

Emilie Margerin, épousa en secondes noces, à Paris, le 5 juillet 1843, le comte Armand-Eugène Amyot, né au Pin (Seine-et-Marne), le 6 juillet 1792, conservateur de la bibliothèque de l'Arsenal à Paris, et membre de la Légion-d'Honneur, petit-fils de François-Pierre Amyot, mentionné plus haut, et fils de Pierre-Edme Amyot (1), maître ordinaire en la Chambre des comptes de Paris, et conseiller du roi en ses conseils d'Etat, et de Louise-Sophie des Neiges, son épouse.

Le château moderne de Moyencourt est maintenant habité par le comte Amyot et Emilie Margerin, laquelle racheta ce château et le domaine à son fils aîné, qui s'était fixé à Paris.

En 1790, le total des censives dues au seigneur de Moyencourt, était de 56 livres 14 sous 0 denier 18/25 ; de 24 setiers 0 boisseau 11/25 (11 hectol. 12 litres), le setier estimé 5 livres ; un demi-pain, le pain estimé 1 livre 13 sous 4 deniers ; de 116 chapons 7/25, le chapon estimé 1 livre ; de 55 poules 23/50, la poule estimée 13 sous 4 deniers ; plus pour une maison et un héritage de 75 verges, situés à Wailly, dépendance d'Ercheu, de 6 chapons et 1 sou pour la sauce (2). *(Le P. Anselme. — H. Cocheris, notes et extraits de documents manuscrits, relatifs à l'Histoire de France,* t[e] IIe. — *Archives du château de Moyencourt, trouvées chez Me Mercier, ancien notaire à Nesle. — Registres civils de la paroisse de Saint-Nicolas de Moyencourt. — Renseignements donnés par le comte Amyot.)*

Selon l'un des procès-verbaux (3) que firent dresser en 1521 et en 1522, les chanoines et le clergé de Nesle pour leur servir de

---

(1) Les armes de la famille Amyot, sont : *d'azur à trois fasces d'or, à la bande d'argent chargée de trois hermines dans le sens de la bande. Couronne de marquis,* supports : *deux hermines,* devise : *Plutôt mourir que se salir.*

(2) Elle devait être bien peu abondante la sauce d'un sou pour six chapons !

(3) Copie de ces procès-verbaux se trouve dans les minutes de Me Enne, chevalier de la Légion-d'Honneur, notaire à Nesle et maire de cette ville.

nouveaux titres, parce que les autres avaient été perdus au sac de cette ville en 1472, ils auraient, pendant assez de temps, célébré l'office du dimanche au château de Moyencourt après ce siége mémorable.

« *Et ce faict il* (le duc de Bourgogne) *fit bouter le feu le dimanche* » *en suivant* (le 11 juin) *en ladicte ville et ès esglises quy feurent* » *totallement bruslez et desmollies, au moyen de quoy le service di-* » *vain a esté longuement discontinué a dire et célébrer..... et a* » *commencé se dire au chasteau de Moïencourt..... au moyen de* » *ladicte occision* (carnage) *et desmolition feurent tous les reli-* » *quaires, callices, ornements, livres, chartes, tiltres et enseigne-* » *ments d'ycelle esglises* (1) *prins, robbez et emportez par lesdicts* » *Bourguignons, sauf deulx ou trois livres pour le service, dont* » *l'ung a esté montré en nos présences, et le dessus encore tout plain* » *de sang des corps quy avoient esté tués en ladicte esglises...... ou* » *y avoit demy-pied de sang des pauvres créatures illec* (là) » *gisants.....* »

Le même château-fort est devenu historique par un événement tragique dont il fut le théâtre vers 1606. En voici la relation :

Un gentilhomme de Picardie, nommé Valerand Mussard, qui avait acquis une grande réputation de courage, eut une querelle avec un seigneur voisin (2) et le tua dans un combat singulier. La veuve de ce seigneur alla demander justice à Henri IV et le roi envoya La Morlière, l'un de ses lieutenants de robe-courte, avec quelques soldats pour se saisir de Mussard et le conduire à Paris, afin de lui faire son procès. A cette nouvelle, le meurtrier s'enfer-

---

(1) C'est la seule qui existe encore aujourd'hui.

(2) Selon une tradition en l'air, c'était le seigneur de Lannoy, dépendance d'Ercheu, mais on n'en doit rien croire suivant le P. Anselme. François de Brouilly, seigneur de Lannoy par sa femme Louise d'Halluin, fut tué à la bataille de Senlis, le 17 mai 1859. Charles, leur fils et héritier, seigneur du même lieu, s'allia, le 16 août 1607, à Rénée de Rochefort, dont il eut plusieurs enfants, entre autres, Louis de Brouilly, tué devant Arras en 1640.....

ma dans le château de Moyencourt, bien décidé à y mourir, plutôt que de s'exposer à l'ignominie du dernier supplice. La Morlière le somma vainement de venir se remettre entre les mains du monarque et de se confier en sa clémence ; l'obstiné Mussard ne voulait se livrer au lieutenant qu'après en avoir obtenu l'assurance de sa grâce, ou du moins la promesse que lui en donneraient les seigneurs de Sault et de Créqui. Alors le lieutenant demanda main-forte aux garnisons des villes de Noyon, de Péronne et d'Amiens, et se mit en mesure d'attaquer le château.

Mussart n'avait auprès de lui qu'un laquais, une femme de mauvaise vie, nommée *Jeanne Presto* (1) et la fille qu'il en avait eue ; mais il se défendit avec tant de fureur qu'il blessa mortellement six des soldats agresseurs. Pour éviter de nouvelles pertes, La Morlière fit venir de Noyon deux pétards en fer dans le dessein d'enfoncer la porte du château. Avant de les faire jouer, il somme de nouveau Mussard de se rendre ; il emploie même l'intermédiaire du curé de la paroisse qui lui représente le danger imminent auquel il expose son salut s'il vient à mourir dans cet état criminel ; mais ce fut inutilement. Nouvelles tentatives de la part de la mère de son amante, qui était veuve, et même obstination du côté de

---

(1) La famille de cette femme s'est perpétuée dans le pays jusqu'au XVIIIe siècle. Louis Presto, probablement son père, avait été greffier en chef du greffe criminel de longue et courte robe du gouvernement de Péronne ; Marguerite de Wilasse, sa femme, mourut au mois de juin 1613 ; leurs épitaphes sont dans l'église de Moyencourt. Nicolas Presto, mort en 1653, était receveur de la seigneurie de Lannoy ; Antoine Presto, écuyer, sieur de Tièvremont (fief à Moyencourt) en 1700, était fils aîné de Nicolas et de Françoise d'Estrus de Goussancourt, sa femme, épouse en deuxièmes noces de Pierre Robinot de Sivry. Antoine mourut le 2 décembre 1720 ; sa fille, Antoinette-Louise Presto, était femme, en 1727, du sieur Marc-Antoine Rabache, de Breuil. Marguerite-Françoise, sœur d'Antoine Presto, femme en premières noces de Jean Bernard, procureur au bailliage de Péronne, était veuve, en 1710, de Jean-Baptiste Grenier, écuyer, seigneur de Croix, vivant aide-major des ville et château de Blaie. (*Arch. du château de Nesle*).

Mussard qui, voyant le château près d'être forcé, met en sûreté le laquais et la petite fille, en les descendant par une fenêtre. Alors on presse la malheureuse qui avait su le captiver de se soustraire également à un si grand péril pour son corps et pour son âme ; mais aveuglée par son infâme passion, elle refuse de sortir et crie, avec un accent de désespoir : *priez Dieu pour nous !* Aussitôt le forcené Mussart et sa criminelle compagne se retirent dans le donjon où elle avait disposé un bûcher, se déchargent simultanément un coup de pistolet, dès qu'ils entendent l'éclat des pétards, et tombent sans vie au milieu des flammes. C'est là que La Morlière et ses gens les trouvèrent baignés dans leur sang et noircis par le feu, quand ils eurent pénétré dans le lieu de cette scène tragique et infernale. *(Le Pédagogue chrétien. — Histoires tragiques par François de Rosset, Paris,* 1614. — *L'Arrondissement de Péronne, par P. Decagny, etc.)*

La forteresse de Moyencourt renfermait une chapelle castrale de Saint-Antoine, transférée ensuite dans l'église paroissiale.

Il ne reste plus de cette forteresse, dont les ruines ont été abattues au commencement du siècle actuel, qu'une porte décorée d'un bas-relief en pierre dure (1) très-curieux et d'un travail fini, paraissant dater du XVe siècle.

Selon la tradition locale ce bas-relief serait destiné à perpétuer le souvenir de l'une des particularités de la vie de Raoul de Créqui. Voici à peu près ce que l'on raconte sur ce croisé :

Raoul de Créqui, fils de Gérard et d'Yolande, avait épousé Ade,

---

(1) Ce bas-relief, d'un mètre carré environ, représente à gauche une sirène sur la mer, environnée de rochers d'un côté, tenant un écu surmonté d'une sorte de casque, qui est lui-même surmonté d'une couronne ; sur le rivage à droite est un pasteur assis environné de brebis, tenant aussi un écu également surmonté d'un casque avec une couronne, mais il sort perpendiculairement de ce casque un bras élevé dont la main est dans l'attitude de l'indication ; dans le fond sont gravées sept ou huit fois en lettres gothiques ces mots *Ave Maria.*

fille d'un seigneur breton, nommé Mahaut. Il accompagna Louis VII dans la 2e croisade. Après un combat où les Turcs eurent le dessus, ils se saisirent de Créqui qui leur laissa croire qu'il était le roi de France pour sauver la vie du monarque. Quand ils eurent reconnu qu'ils avaient manqué leur prise, les Musulmans furieux se précipitèrent sur Raoul, le couvrirent de blessures et le jetèrent sur un monceau de cadavres. Des soldats, affamés de butin, le distinguèrent et lui enlevèrent ses vêtements. Un d'eux cependant guidé par l'espoir d'obtenir une rançon considérable, le prend, le rappelle à la vie et réussit même à lui retrouver un bracelet d'un grand prix auquel le chevalier tenait beaucoup.

Pendant l'absence de Raoul que l'on croyait mort parce qu'il n'avait pu transmettre de ses nouvelles à sa famille, Beaudoin de Créqui, fils du frère de Gérard, usa de procédés révoltants envers son oncle et sa belle-fille ; il dévorait dans son cœur la riche succession de Gérard et il se servit du prétexte de la caducité du vieillard pour s'ériger en défenseur des droits du fils de Raoul ; déjà il avait établi au château de Créqui le siége de sa tyrannie et les premiers à qui il avait fait sentir les effets étaient le vieux banneret et sa bru. Allarmé pour sa fille d'un danger inévitable, Mahaut avait conçu le projet de lui faire épouser un seigneur voisin pour empêcher que l'héritage du jeune maître ne fût usurpé par son cousin, et ce n'est que bien difficilement qu'elle consentit à une nouvelle union.

L'infortuné Raoul, après avoir gardé les troupeaux pendant bon nombre d'années, fut renfermé dans une tour et devint l'objet des mauvais traitements du prince mahométan qui voulait lui faire renoncer à la religion chrétienne. Le fils unique du musulman, apitoyé du sort du chevalier, lui rendit la liberté, à l'insu de son père, et le fit conduire jusqu'à l'entrée d'une forêt à la sortie de laquelle il devait trouver un port.

Créqui s'embarqua, mais il essuya un naufrage près de la Manche et se sauva au moyen d'un esquif. Descendu sur le rivage, il prit la route qui s'offrit à ses regards et entra dans une forêt ; ayant marché assez longtemps sans savoir où ses pas le conduisaient, il rencontra un bûcheron et lui demanda dans quelle contrée il se trouvait; le bûcheron effrayé à l'aspect du chevalier tout déguenillé, à la barbe longue et paraissant être plutôt un spectre qu'une créature humaine, lui répondit qu'il se trouvait dans la forêt de Créqui, dont on pleurait encore la perte du maître mort dans une contrée lointaine. Raoul s'informa de sa femme, de son père et de son fils et il apprit que sa femme devait se remarier le jour même avec un des parents et des meilleurs amis de la famille.

Le chevalier s'empressa d'approcher du château ; il aperçut une foule de personnes et apprit de nouveau que sa femme allait bientôt se rendre à l'église pour convoler en secondes nôces. Il demande instamment à lui être présenté, on lui répond : bon homme, ce n'est pas aujourd'hui que l'on peut pénétrer jusqu'à notre Dame, vous prenez mal votre temps, vous reviendrez plus tard, ou restez pour profiter de la fête; on distribuera des aumônes et vous paraissez avoir grand besoin d'être assisté.

Ce qu'on avait annoncé à Créqui n'était que trop vrai : il vit sa femme, le visage baigné de larmes, s'avancer lentement vers l'église, suivie de son fils et de ses parents ; il vit aussi le sire de Rénti, celui qu'elle devait épouser, entouré de ses vassaux. Créqui demande à grands cris qu'on le laisse avancer, qu'il veut avoir un entretien avec la Dame; repoussé, il persiste. Pendant qu'on s'opposait à son passage, on vit avec surprise un vieux chien défaillant de faiblesse se ranimer, se traîner jusqu'à lui et lui faire des caresses; dès lors on pensa que cet homme n'était pas étranger au pays.

La rumeur augmentant, Ade en demande la cause ; elle apprend qu'un voyageur, venant de la Terre-Sainte, désire lui parler immédiatement.

On ouvre le chemin à Créqui ; il hâte sa marche, et quand il peut être près de sa femme embellie de tous ses atours, la voix lui manque. Etranger, lui dit-elle, vous avez été en Palestine, dites-moi... vous avez sans doute connu Créqui... vous l'avez vu mourir? — Madame, le sire de Créqui n'est pas mort; vous l'aimez donc encore, cet époux qui vous adora... qui vous adore? — Qui m'adore! Qu'est-ce que j'entends!... il vivrait! — Oui, il respire... — Il vit!... Ah! où est-il?... que je le revoie... que je meure dans ses bras. Où est mon cher Raoul? — A vos genoux, ma chère Ade, s'écrie le chevalier en versant un torrent de larmes. Et lui montrant son bracelet, il ajoute: reconnaissez Créqui à ce gage de votre amour. Ade presque sans connaissance, reprend l'usage de ses sens et s'écrie: c'est vous, mon cher Créqui! et elle se précipite dans ses bras.

Le jeune Raoul apprend que l'inconnu est son père, il accourt, se prosterne devant lui, il l'embrasse.

L'arrivée inattendue de Créqui se répand promptement et parvient bientôt jusqu'aux oreilles du vieux banneret, qui, aidé de ses domestiques, arrive bientôt près de son fils. Mon fils, s'écrie-t-il, mes yeux te voient à peine, mais mon cœur te sent. O mon Dieu! vous pouvez m'ôter la vie, j'ai revu mon cher fils, je mourrai content. Le chevalier ne répondait que par des larmes; il serre tour à tour contre son sein, sa femme, son fils et son père.

Le sire de Renti, qui ne peut ajouter foi à ce qu'il apprend, accourt aussi et ce n'est que bien difficilement qu'il reconnaît Créqui, encore sous l'appareil de la misère.

Le chevalier se revêt d'habits convenables; il se trouve environné d'une foule de vassaux qui ne se lassent pas de crier: *Noël! Noël!*

Le banquet eut lieu, on distribua d'abondantes aumônes. Pendant le repas, le chevalier raconta une partie de ses aventures et l'on finit par se livrer aux transports d'une joie indicible. (*Extrait des Nouvelles historiques.*)

Le donjon, carré, construit en grès piqués, dont la maçonnerie avait 4 mètres d'épaisseur, présentait à l'intérieur une superficie d'environ 100 mètres carrés; quand il a été abattu, ses ruines avaient encore 6 à 7 mètres de haut. Le château était flanqué de sept tours dont on a retrouvé les fondements vers 1815; les deux plus considérables, placées près du donjon pour le protéger, avaient chacune environ 8 mètres de diamètre ; le diamètre des cinq autres tours était d'environ 5 mètres. Un étang assez profond, d'une superficie de 150 ares, environnait ce château-fort, Quand on a comblé cet étang pour le mettre en culture, on y a trouvé un pétard, plusieurs pièces d'argent, trois chandeliers en cuivre paraissant provenir de la chapelle du château, des pointes de flèches, et trois lances sur lesquelles étaient gravés ces mots en caractères gothiques : *pour Dieu je veulx mourir.* (*Renseignements donnés par M. Leturcq, père, ancien propriétaire du vieux château de Moyencourt.*)

Etablissements religieux.

EGLISE PAROISSIALE.

Par titre en latin du 10 décembre 1412, l'évêque de Noyon permet à Gérard d'Athies, seigneur de Moyencourt, de démolir l'église du lieu (1) et de la replacer au centre du village. Pour cet effet le seigneur donne deux journaux de terre à la fabrique et quatre journaux à la cure, sous la retenue d'un denier de cens annuel par journal, à la charge d'acquitter annuellement une messe du Saint-Esprit durant la vie de Gérard, et une messe de *Requiem* après son décès.

Par autre titre en date du 24 des mêmes mois et an, l'évêque permet la reconstruction de l'église de Moyencourt dans un lieu plus avantageux que celui où elle était alors.

Par l'article 1er d'une reconnaissance des curé et marguilliers dudit lieu, en date du 1er juillet 1790, ils reconnaissent que le seigneur jouit, dans l'église, de tous les droits honorifiques appartenant à tout seigneur haut justicier et universel (2).

---

(1) Cette église était près de la forteresse.

(2) Les droits honorifiques d'un seigneur à l'église étaient de recevoir l'eau bénite et le pain bénit après le clergé, avant les autres laïques et habitants de la paroisse ; mais non avant les laïques revêtus de surplis ; d'être

L'église de Moyencourt, sous l'invocation de saint Nicolas, est construite en pierres dures. Elle était d'abord en forme de croix ; la chapelle à droite à été abattue et remplacée par la sacristie, adossée à la tour du clocher; ce clocher, qui était une flèche assez élevée, a été aussi remplacé, vers 1830, par une construction en forme de lunette, moins convenable surtout sous le rapport religieux. Le chœur est décoré de boiseries peintes et dorées ; tout l'édifice est plafonné. On remarque dans la chapelle de Saint-Antoine et dans le chœur plusieurs fragments de pierres tumulaires du XVIe et du XVIIe siècle, où sont représentées au trait des figures d'hommes et de femmes en costume de l'époque. Outre les épitaphes de la famille Presto et de plusieurs membres de la famille Binet, on lit celle-ci : *Cy-gist Marguerite Le Couvreur, vivante, femme de Charles Le Bidault, écuyer, sieur de Gardinville, capitaine du chasteau de Moyencourt, laquelle est décédée le* 17 *novembre* 1652. N'oublions pas de mentionner que l'église possède une statue de saint Antoine et un groupe représentant la Visitation de la sainte Vierge, très anciens mais d'un travail distingué, le tout en pierre dure.

MALADRERIE.

Moyencourt eut sa maladrerie, qui était placée entre le village et le chemin Boccage. Au XVIIe siècle on voyait sur l'emplacement de cet hôpital la chapelle de Saint-Louis.

Le 15 septembre 1484, remboursement de douze sous de rente à l'Hôtel-Dieu de Moyencourt sur la maison de Jean Blanchart, située sur les fossés du château dudit lieu.

---

nommé et recommandé dans les prières publiques qui se faisaient dans les églises de son patronage et fondation ; d'aller le premier à l'offrande et de recevoir le baiser de la paix après le clergé, de recevoir l'encensement lui et sa famille, d'avoir dans le chœur bancs et siéges pour lui et pour sa famille, et le droit de litres au dedans et au dehors de l'église ; enfin il avait le droit de sépulture dans le chœur de l'église.

COUVENT DES CORDELIERS (1).

Il y avait aussi à Moyencourt un couvent de frères Mineurs ou Cordeliers, que la dame du lieu avait fondé en 1502, sous le titre de Sainte-Catherine. Elle y fit venir plusieurs des frères de Ham, mais ils éprouvèrent beaucoup d'entraves de la part du chapitre de Noyon, auquel appartenaient la cure et la dîme de la paroisse, dont on n'avait point demandé l'aveu. Quoique l'érection de ce nouveau couvent fut déjà approuvée par les bulles du Pape, dont le légat seul avait été consulté, les Cordeliers cependant se virent contraints de déloger et de faire leur soumission au chapitre, qui alors seulement consentit à leur établissement (avril 1507), sous l'obligation d'un cierge d'une livre qu'ils lui paieraient annuellement pour marque de leur dépendance.

Cette maison où bon nombre de pères pouvaient se loger était bâtie dans un emplacement vaste (117 ares 65) ; mais au dernier siècle les Cordeliers s'y trouvaient réduits à deux ou trois seulement. On la supprima pour cette raison en 1768 et elle fut incorporée au couvent de Noyon.

Le 15 décembre 1630, donation aux Cordeliers de Moyencourt, devant notaires à Paris, par Charles, sire de Créqui, seigneur du lieu, de la somme de trois cents livres de rente annuelle, à prendre sur la terre dudit Moyencourt (2).

---

(1) L'ordre des pères Cordeliers fut institué dans le XIIIe siècle par saint François et autorisé vers 1216. Ils avaient reçu, dit l'auteur des *Annales de Noyon*, l'ordre d'honorer la prêtrise, et en partage la dot de la pauvreté et de l'humilité ; ils pouvaient devenir évêques et même papes.— Un couvent de Cordeliers fut bâti à Noyon en 1230 ; un à Saint-Quentin fut achevé en 1270 ; cet ordre fut établi à Roye vers 1220 et leur couvent, fondé par Raoul Le Putur, maire de cette ville, mort en 1250 ; enfin les Cordeliers se sont établis à Péronne vers 1222, et en 1246, Eudes de Châteauroux, légat du pape en France, fit la bénédiction solennelle de leur église pendant son séjour dans le Vermandois.

(2) Cette rente était prescrite et ne s'acquittait plus en 1790.

Liste des derniers supérieurs de ce couvent.

Jacques-Louis Duot, 1698.

. . . . . . Dauville, desservant de Moyencourt, 1702-1707.

M. A . . . . Pezé, 1710.

. . . . . . Lefebvre, 1713.

. . . . . . Lejeune, 1719, et desservant de la paroisse.

B . . . . . Demailly, 1731.

. . . . . . Fuzelier, 1735, desservant de la paroisse de Breuil, en 1741.

L . . . . . Rivers, 1745.

François . . Cristin, 1756.

. . . . . . Charles, 1758.

Alexis . . . Pontrené, 1764.

Les bâtiments de ce couvent ont été abattus vers 1780.

En 1790, les Cordeliers de Noyon possédaient encore à Moyencourt quatre pièces de terre contenant ensemble 379 ares 09 centiares redevables par année envers le seigneur de 2 chapons, d'une poule et d'une livre 12 sous 5 deniers de cens.

Les chevaliers du jeu d'arc de Moyencourt possédaient, pour leurs exercices, un jardin d'une superficie de 8 ares 17 centiares, redevable aussi par année envers le seigneur de 5/16e de boisseau de blé, de 1/4 de chapon, de 1/8e de poule et de 9 deniers de cens.

Cette compagnie existe toujours.

Le cimetière entoure l'église.

On comptait 53 maisons en 1720 ; il y en a 108 en 1859 ; le nombre des habitants est de 412.

Il y a une école de garçons, fréquentée, en 1859, par 32 élèves, et une de filles fréquentée par 35 élèves.

Le territoire communal a une étendue de 415 hectares.

D'après un ancien usage, le jeudi qui précède le jour des Cendres les élèves les plus âgés de l'école des garçons vont dans les maisons recevoir de l'argent, des œufs, du lard, etc. et chantent les couplets suivants :

Jeudi-jeudiot est arrivé,
Par un si longtemps désiré,
Nous vous demandons notr' raton,
Ecoutez bien notre chanson. (*bis.*)

Que le bonjour vous soit donné,
Notre maître nous l'a commandé.
Il vous prie en même temps
De contenter ces bons enfants. (*bis.*)

L'hiver a été très doux ;
Vos poules ont pondu beaucoup.
Si vous emplissez notre panier
Vous f'rez rire les écoliers. (*bis.*)

Après avoir reçu ce qui leur a été offert ils continuent :

Merci de votr' honnêteté,
Pour ce que vous nous avez donné.
Que Dieu soit dans votre maison
Avec sa sainte bénédiction. (*bis*).

LEROY-MOREL,

Ancien directeur d'un pensionnat primaire, receveur de l'Hospice et du Bureau de Bienfaisance de Nesle et membre de la Société des Antiquaires de Picardie.

Amiens. Typographie de Lenoel-Herouart, rue des Rabuissons, 10.

RECHERCHES GÉNÉALOGIQUES

SUR LES FAMILLES NOBLES DE PLUSIEURS VILLAGES DES ENVIRONS DE NESLE, NOYON, HAM ET ROYE, ET RECHERCHES HISTORIQUES SUR LES MÊMES LOCALITÉS.

Rethonvillers, Tilloy, Septfours, dépendances, et Waucourt, dépendance de Champien.

SEIGNEURS CONNUS ET CHATEAUX DE TILLOY ET DE WAUCOURT.

Rethonvillers, village sur la route de Nesle à Roye, à 5 kilom. ouest de Nesle, fait partie du canton de Roye.

Dans son dénombrement au roi saint Louis, Jean de Nesle déclare que GAUDINS DE RESTONVILER et GAUTERS DE RESTONVILER sont du nombre de ses vassaux ainsi que VILLAINS DE TILLOY et ROBERZ DE SETFORS.

BENJAMIN DE MONTMORENCY, baron d'Equancourt, seigneur de Rethonvillers, Tilloy et d'autres lieux, vivait en 1624. Il était le quatrième fils de Jean de Montmorency premier du nom, seigneur de Bours, de Gueschard, près de Saint-Riquier et de Villeroy, diocèse d'Amiens, et de Bernarde Gailliard ; il avait pour frères et sœurs :

1° Daniel, mort âgé de 24 ans au siége de Troie en 1591 ;

2° Josias, seigneur de Bours, capitaine au régiment des Gardes du roi, mort le 20 juillet 1616 ;

3° Gédéon, mort jeune ;

4° Jean, seigneur de Flesselles, diocèse d'Amiens ;

5° Georges, seigneur de Cressi ;

6° Pierre, seigneur d'Acquêt ;

7° Anne, tué en duel ;

8° Hippolyte, mariée 1° à Pierre de Melun, prince d'Epinoy, 2° à François de la Fontaine, seigneur d'Oignon ; elle mourut en 1615 ;

9° Elisabeth, alliée à Jean de Belloy, seigneur de Pont-de-Metz, près Amiens ;

10° 11° 12° Jacqueline, Louise, Souveraine, mortes sans alliance;

Et 13° Michelle, femme d'Oudard de Fontaines, seigneur d'Estourguel.

Benjamin de Montmorency épousa 1° Claude d'Averoult, dame d'Olisy en Champagne, fille de Réné, seigneur de La Lobbe, et de Madeleine de Bouillac ; et 2° Marie Le Prévôt, fille de Jean, seigneur de Neuville.

De sa première femme il eut :

1° Daniel, qui va suivre ;

2° 3° 4° Hippolyte, Pierre, Benjamin, morts jeunes ;

5° Madeleine, mariée à Jacques ou *Isaac* Le Fournier, seigneur de Neuville ;

Et 6° Anne de Montmorency.

De sa seconde femme est issue :

7° Marie, alliée à Charles Du Bois, seigneur de La Fresnaye.

Daniel de Montmorency, seigneur d'Equancourt, de Bours, de Gueschard, Villeroy, Rethonvillers, Tilloy, Waucourt, Olisy, Cressi, etc., fut successivement premier capitaine dans le régiment du maréchal Schulemberg, enseigne de la compagnie des gendarmes du seigneur de Soyecourt, lieutenant-général en Picardie, capitaine d'une compagnie de chevau-légers dans le régiment de La Ferté, qu'il commanda pendant dix ans, mestre-de-camp d'un régiment de cavalerie, maréchal-de-camp, enfin lieutenant-général des armées du roi. Il mourut le 21 décembre 1672 et fut inhumé dans la chapelle du Rosaire de l'église de Rethonvillers. Il avait épousé Marthe Le Fournier de Neuville, morte le 13 avril 1650, dont le corps fut transporté le 20 du même mois à Rethonvillers pour y être inhumé. On donne à Daniel une seconde femme, N..... de Warluzel, veuve du seigneur de Sorel-Saint-Sulpy.

Du premier mariage est né :

Benjamin-Alexandre-César de Montmorency, dit *Beaulain*, premier baron chrétien, comte de Bours, baron d'Equancourt, seigneur de Gueschard, où il faisait sa résidence en 1694, de Rethonvillers, Tilloy, Waucourt, etc., fut durant vingt ans capitaine de chevau-légers au régiment de Clérembault et mourut à Olisy le 21 avril 1702, sans postérité de sa femme Marie-Jeanne-Madeleine de Laval, qui décéda et fut inhumée à Olisy en septembre 1705, âgée de 85 ans.

Après la mort de Benjamin-Alexandre-César, sa succession, qui était considérable, fut réclamée par Jean, fils de Jean Le Fournier, seigneur de Neuville, qui s'était retiré en Angleterre en 1686 pour cause de religion, et petit-fils de Isaac Le Fournier, seigneur de Neuville, et de Madeleine de Montmorency, sœur de Daniel ; mais par arrêt du Parlement de Paris du 5 mars 1706, elle fut adjugée à Guillaume-Nicolas du Bois, chevalier, seigneur de Belhôtel, pays de Normandie, et à César-Alexandre du Bois, son frère, écuyer, capitaine de cavalerie dans le régiment du Luc, comme enfants et héritiers de François du Bois, chevalier, seigneur de Belhôtel, qui, au jour du décès du comte de Bours, se trouvait le plus proche parent qu'il eût en France, étant fils de Charles du Bois, seigneur de La Fresnaye et de Marie de Montmorency, tante du comte de Bours, des biens duquel il s'agissait (1).

---

(1) La famille des Montmorency portait *d'or à la croix de gueules, cantonnée de* 16 *alérions d'azur* que les comtes de Bours brisaient *d'un croissant d'argent en cœur de la croix.*

19 juin 1697, Pierre Comont, dit Heudicourt, receveur de la terre et seigneurie de Tilloy, y demeurant, mandataire de Benjamin-Alexandre-César de Montmorency, comte de Bours, etc., déclare à Jacques Thomas, lieutenant-général de la ville et du marquisat de Nesle qu'il appartient audit comte de Bours une pièce de terre plantée en bois, nommée le *bois des Gambards* (1), contenant 12 journaux un quartier et demi, mesure de Nesle (8 hectares 08 ares 80 centiares), située au terroir de Septfours, vendue à Daniel de Montmorency moyennant 3,600 livres par contrat du 8 mai 1638 devant Rimbaut et Fouquier, notaires royaux à Crèvecœur, laquelle rente faite par Henri-Marc Gouffier, marquis de Bonnivet, seigneur de Crèvecœur, Liencourt (2) et d'autres lieux ; que ce bois ayant été saisi féodalement à la requête du marquis de Nesle, comme faisant led. bois ci-devant partie de la terre et seigneurie de Liencourt, mouvante en plein fief du château de Nesle, ledit comte de Bours aurait, par exploit de Mercier, sergent royal à Roye, en date du 16 juillet 1696, fait dénoncer la saisie à André-César-Charles Collin, chevalier, seigneur dud. Liencourt, lequel sommé de lui faire donner main-levée de lad. saisie sous prétexte que dans le contrat de vente il est énoncé que le bois des Gambards est tenu à cens de la seigneurie de Liencourt, qu'à cette sommation du comté de Bours, le seigneur de Liencourt aurait fait signifier sa réponse portant qu'il ne prétend à aucuns droits de mouvance sur le bois des Gambards ni pour ce entrer en contestation avec le marquis de Nesle. En conséquence led. Comont, comme procureur du comte de Bours se présente et requiert d'être reçu à relever led. fief du bois des Gambards sous les offres qu'il fait de payer aud. seigneur marquis un chambellage de douze livres dix sols, attendu que led. fief vaut de revenu cent livres et plus, et de payer en outre tous les autres droits qui peuvent lui être dûs et les fruits acquis en vertu de la saisie féodale du 17 juillet 1693, faire les foi et hommages et prêter le serment de fidélité au seigneur-marquis pour led. comte de Bours, qui est hors d'état de venir lui-même les rendre, ne pouvant monter à cheval, ni faire aucun voyage à cause d'un rhumatisme dont il est extrêmement travaillé et d'une colique néphrétique. Sur quoi et après que le seigneur-marquis de Nesle a eu déclaré qu'à cause de sa parenté avec le comte de Bours et d'autres considérations particulières sans tirer à conséquence il le quitte et lui remet les

---

(1) Une rue de Nesle portait anciennement la même dénomination.

(2) Aujourd'hui Liancourt-Fosse.

droits de quint et requint à lui dus pour raison de cette acquisition ainsi que le droit de chambellage, et qu'il accorde souffrance audit comte de Bours jusqu'au temps où il sera en état de santé pour venir à Nesle. Et il lui en est accordé acte.....

15 juillet 1702. Offre de foi et hommages au marquis de Nesle par Jean Le Fournier, chevalier, seigneur de Neuville et d'autres lieux, mousquetaire du roi dans sa 1re compagnie, héritier immobilière comme cousin-germain de Benjamin-Alexandre-César de Montmorency, comte de Bours, etc., lequel déclare que depuis le 21 avril dernier, c'est pour la seconde fois qu'il se transporte d'Abbeville, lieu de sa résidence ordinaire, en la ville de Nesle pour porter les foi et hommages qu'il doit au seigneur-marquis, à cause des quatre quints qui lui appartiennent, à lui échus de la succession dud. feu comte de Bours dans les fiefs de Rethonvillers, Vuecourt (Waucourt), Bois des Gambards et dans un petit fief de sept quartiers de terre sis au terroir de Tilloy, le tout mouvant du marquisat de Nesle, et à l'encontre de la veuve dud. feu comte de Bours à laquelle l'autre quint appartient en vertu de la donation à elle faite par son contrat de mariage avec led. comte de Bours, passé à Reims le 30 octobre 1673 ; qu'il vient aussi offrir de payer les droits de chambellage et de revenu d'année desd. quatre quints de fiefs, demandant en conséquence la main-levée des saisies faites desd. fiefs jusqu'à concurrence desd. quatre quints, desquelles offres le comparant requiert acte ; de plus, attendu la nécessité où il est de retourner incessamment à l'armée pour le service du roi, il supplie le seigneur-marquis de lui accorder souffrance jusqu'à son retour de la campagne pour venir en personne faire lesd. foi et hommages et payer lesd. droits (1).....

19 avril 1702. Jean-Joseph de Laval, seigneur de Madaillan, fondé de la procuration spéciale de sa tante Jeanne-Madeleine de Laval, veuve du comte de Bours, requiert pour elle au marquisat de Nesle, d'être reçu au relief de la cinquième partie qui appartient à sad. tante dans les terres de la seigneurie de Rethonvillers et Vuecourt, dans le fief du Bois des Gambards et dans un autre petit fief de sept quartiers de terres labourables situé au terroir de Tilloy, donnée à lad. dame par le feu comte de Bours, son mari, le susd. quint indivisé à partager à l'encontre des héritiers dud. feu comte ; et il offre de faire les foi et hommages et de prêter le serment de fidélité au seigneur-marquis et de satisfaire à tous droits et devoirs qui sont dus selon l'usage et

(1) Le Fournier portait *d'argent à trois roses de gueules.*

la coutume locale dud. marquisat. Le marquis consent pour cette fois seulement et sans tirer à conséquence que la dame comtesse de Bours soit reçue par le comparant au nom de procureur à rendre les foi et hommages qu'elle lui doit pour raison dud. quint. Puis led. comparant paie à Réné Cathoire, receveur-général dud. marquisat la somme de huit cent cinq livres douze sols trois deniers, dont douze livres dix sols pour le droit de chambellage des fief et seigneurie de Rethonvillers dont le revenu vaut cent livres et plus, soixante-quinze sols pour trois autres droits de chambellage de vingt-cinq sols chacun des trois autres fiefs de Vuecourt, bois des Gambards et les sept quartiers de terre, attendu que le revenu de chacun de ces fiefs ne vaut pas cinquante livres, et le surplus, pour le quint ou cinquième partie donnée desd. fiefs.....

24 octobre 1702. François Du Bois, chevalier, seigneur de Belhôtel, y demeurant, héritier immobilière de Benjamin-Alexandre-César de Montmorency, son cousin-germain, déclare à Jacques Thomas, lieutenant-général de la ville et marquisat de Nesle, qu'en cette qualité, il est héritier de feu le comte de Bours, mort sans postérité, et qu'il lui appartient les quatre quints dans les fiefs de Rethonvillers, Vuecourt, bois des Gambards et dans un petit fief de sept quartiers de terres labourables dont le relief a été fait par Jean Du Fay le 28 novembre 1585, le tout mouvant du marquisat de Nesle, et qu'il est venu exprès dud. lieu de Belhôtel pour porter au seigneur marquis les foi et hommages qu'il lui doit et offrir de lui payer dans trois ou quatre mois les droits de chambellage et de revenu d'année desd. quatre quints de fiefs tels que lesd. droits sont dus au seigneur-marquis. Le comparant supplie led. seigneur-marquis de lui accorder led. délai et de surseoir les poursuites qui se font en conséquence des saisies faites desd. fiefs, faisant élection de domicile en la maison de Pierre Comont, dit Heudicourt, dem^{t} à Tilloy; ce qui lui est accordé, et requérant acte desd. offres il a signé la minute.

20 juillet 1703. Jean Le Fournier, chevalier, baron de Neuville et d'Equancourt, pair de Gueschard, seigneur de Rethonvillers, Vuecourt, Tilloy, Olisy, Montiguy, Villeroy, Saint-Acheul, et d'autres lieux, dem^{t} à Abbeville, hôtel de Bours, héritier du chevalier comte de Bours, son cousin se présente au marquisat de Nesle et requiert d'être reçu au relief des quatre quints à lui échus par le décès dud. comte de Bours dans les terres et seigneuries de Rethonvillers, dans le fief du bois des Gambards et dans un autre petit fief de sept quartiers (1 hect. 14 ar. 88 c.) de terres labourables situé au terroir de Tilloy, lesd. fiefs mouvant du marquisat de Nesle, sous

les offres de foi et hommages, de prêter le serment de fidélité et de payer les droits de chambellage et revenu d'année desd. quatre quints de fiefs dus à cause de l'*échoite*, selon l'usage et la coutume locale dud. marquisat, requérant aussi main-levée de la saisie faite desd. fiefs le 30 juin 1702. Sur quoi après avoir porté les foi et hommages et prêté le serment de fidélité dus au marquis, il lui paie comptant la somme de mille livres sur celle de mille soixante-onze livres onze sols quatre deniers montant du mémoire de la liquidation, savoir : douze livres dix sols pour le droit de chambellage dû à cause du fief de Rethonvillers, dont le revenu excède cent livres, vingt-cinq sols pour le chambellage du fief de Vuecourt, dont le revenu est au-dessous de cinquante livres, un chambellage de six livres cinq sols pour le fief du bois des Gambards, dont le revenu excède cinquante livres mais ne vaut pas cent livres, et vingt-cinq sols pour un autre chambellage à cause du fief des sept quartiers, et le surplus des mille soixante-onze livres, onze sols quatre deniers, pour le droit de relief et revenu d'année en nature des quatre quints desd. fiefs suivant la juste valeur et l'estimation faite des fruits desd. fiefs en l'année 1699, choisie par le seigneur-marquis de l'une des trois années précédant les offres, le tout suivant les droits patrimoniaux, l'usage et la coutume locale dud. marquisat. Quant aux soixante-onze livres onze sols quatre deniers restant dus avec la somme de deux cent trente-cinq livres trois deniers faisant, cette dernière somme, moitié de quatre cent soixante-dix livres six deniers, pour la perte des fruits confisqués au profit du seigneur-marquis en vertu de lad. saisie, remise étant faite de l'autre moitié de lad. perte de fruits pour considération particulière et sans tirer à conséquence, montant, les deux dernières sommes, à celle de trois cent six livres onze sols sept deniers, le comparant promet de la payer au jour de saint Remi prochain venant..... Et réserve est faite par le seigneur-marquis du droit de banalité et de garenne dans lesd. fiefs comme encore du droit de voirie lui appartenant dans les deux rues passant dans led. Rethonvillers et conduisant à Roye........ et ont signé à la minute Mailly, le baron de Neuville et Thomas.

10 mai 1706. Par devant Jacques Thomas, lieutenant-général des ville et marquisat de Nesle, en la présence du procureur fiscal de ce marquisat ; s'est présenté Nicolas Nicole, sieur d'Artouville en Normandie, prêtre demeurant au château de Belhôtel au nom et comme fondé de la procuration spéciale de Guillaume-Nicolas Du Bois, chevalier, comte de Bours, seigneur de Belhôtel, d'Equancourt, Gueschard, Villeroy, Rethonvillers, Olisy et d'autres lieux, cousin de feu César-Alexandre-Benjamin de Montmorency, dont la

succession est adjugée aud. Du Bois de Belhôtel par arrêt contradictoire du Parlement de Paris du 5 mars dernier, lequel comparant au nom du sieur de Belhôtel, fils aîné et principal héritier féodal de feu François Du Bois, chevalier, seigneur dud. Belhôtel, s'est offert pour ledit Guillaume-Nicolas Du Bois, de relever et droiturer, et même payer les droits de chambellage dus au seigneur marquis à cause des terres, seigneuries et fiefs provenant de la succession dud. comte de Bours......, déclarant le comparant aud. nom que durant le cours du procès contre Jean Le Fournier, qui contestait aud. de Belhôtel lad. succession, il a été averti que le sieur de Neuville aurait payé au seigneur marquis les droits de relief et revenu d'année qui lui étaient dus à cause de l'eschoite desd. fiefs en ligne collatérale aux héritiers dud. feu sieur comte de Bours, et qu'à l'égard dud. Du Bois de Belhôtel, il n'est par lui dû que les chambellages qu'il offre de payer à cause de l'eschoitè en ligne directe desd. fiefs par le décès de son père, desquelles offres le comparant a requis acte et a signé après avoir déclaré que pour la validité du présent acte, il fait élection de domicile pour le sieur de Belhôtel, en la maison de Pierre Comont, dit Eudicourt, receveur, demeurant au château de Tilloy.

6 septembre 1706. Jean-Joseph de Laval d'Albert, chevalier, seigneur-baron de Madaillan, demeurant à Olisy, près Grandpré en Champagne, légataire universel de feue Jeanne-Madeleine de Laval, sa tante, au jour de son décès veuve et donataire de Benjamin-Alexandre-César de Montmorency, chevalier, comte de Bours, a requis la vestiture et saisine d'être reçu au relief et droiture de la cinquième partie appelée quint à lui appartenant dans les terres et seigneuries de Rethonvillers, etc..., le total desquelles terres, seigneuries et fiefs est mouvant du marquisat de Nesle, led. quint appartenant aud. de Laval à cause du legs à lui fait par la comtesse de Bours par son testament du 17 janvier 1703, que lad. comtesse a ratifié par le contrat de mariage dud. de Laval avec Catherine du Fay, son épouse, le 6 septembre 1705..., sous les offres que fait led. de Laval de faire les foi et hommages et de prêter le serment de fidélité au marquis de Nesle, de payer les droits de chambellage et le quint denier de la valeur dud. quint dans les terres, seigneuries et fiefs suspécifiés, et de satisfaire à tous autres droits et devoirs accoutumés..... Le comparant ayant payé ès-mains de Réné Cathoire, receveur-général dud. marquisat, la somme de sept cent quarante-sept livres dix-huit sols huit deniers obole, dont douze livres dix sols pour le droit de chambellage pour le fief de la seigneurie de Rethonvillers, soixante-quinze sols pour trois autres de chambellage de vingt-cinq sols

chacun des trois autres fiefs de Vuecourt, bois des Gambards et sept quartiers de terres labourables, et le surplus pour le droit de quint denier de la valeur dud. quint des terres et fiefs, plus la somme de cent dix-neuf livres dix-neuf sols onze deniers, à quoi s'est trouvée monter la perte des fruits des saisies féodales, led. de Madaillan a été reçu aux foi et hommages et au serment de fidélité dus aud. seigneur-marquis.....

5 juillet 1708. Pierre Duflos, avocat en parlement et au bailliage de Roye, y demeurant, au nom et comme tuteur onéraire de Jean-Louis de Laval, âgé de cinq ans ou environ, de Jeanne-Madeleine de Laval, âgée de trois ans et de Jean-Denis de Laval, âgé de dix-sept à dix-huit mois, tous trois enfants de feus Jean-Joseph de Laval d'Albert, chevalier, seigneur-baron de Madaillan, Olisy et d'autres lieux, et de Catherine Du Fay, décédés aud. Olisy en Champagne, a requis au marquisat de Nesle souffrance lui être accordée pour led. Jean-Louis de Laval, aîné desd. mineurs, jusqu'à ce qu'il ait atteint l'âge de quatorze ans pour faire les foi et hommages, relever et droiturer tant pour lui que pour sesd. frère et sœur puînés le quint à eux appartenant dans les terres et seigneuries de Rethonvillers, Vuecourt, fiefs du bois des Gambards et de sept quartiers de terres labourables au terroir de Tilloy, le total desquels est mouvant du marquisat de Nesle, sous les offres qu'il fait de payer les droits de chambellage dus par lesd. enfants. Et après qu'il a eu payé comptant 16 livres 5 sols, suivant les droits patrimoniaux, usage et coutume locale dud. maquisat, il a été aud. comparant, pour lesd. enfants, accordé souffrance jusqu'à l'âge de majorité de l'aîné pour les foi et hommages, prêter le serment de fidélité, relever et droiturer led. quint dans les terres, seigneuries et fiefs suspécifiés, et de ce il a été donné acte.

En 1761, la seigneurie de Rethonvillers était possédée par Emmanuel-Dieu-Donné d'Hautefort, marquis d'Hautefort et de Sarcelles, comte de Montignac, vicomte de Ségur, baron de Thenon, seigneur de Julliac, Bellegarde, Moncix, Bacouel, le Mesnil-Saint-Firmin, le Plessier-Gobert, Longueval, Rethonvillers, Tilloy, Waucourt, Balâtre, Margny-aux-Cerises, Grand-Rue et d'autres lieux, né le 13 février 1700 et reçu le 9 août de la même année chevalier de Malte de minorité au grand prieuré de France. Il porta le titre de chevalier, puis de comte et de marquis de Surville, et succéda, en 1727, au marquis d'Hautefort, son oncle, dans tous les biens de sa maison ; il fut mestre-de-camp-lieutenant du régiment de Condé, infanterie, et brigadier des armées du roi ; il se distingua, le 29 juin 1734, à la bataille sous les murs de Parme, où il reçut une contusion et eut la main percée d'un coup de feu ; fut fait maréchal des camp et armées du roi, et nommé, au mois de juin 1749, ambassadeur extraordinaire auprès de l'empereur et de l'impératrice, reine de Hongrie et de Bohème.

De sa femme Françoise-Claire d'Harcourt, il eut plusieurs enfants, dont :

Armand-Charles-Emmanuel, comte de Montignac ;

Gabrielle-d'Hautefort-de Julliac ,

Abraham-Frédéric, vicomte d'Hautefort, comte de Neuvi, seigneur de la Celle-sur-Loire et d'autres lieux, colonel-commandant du régiment de Flandre, infanterie, qui épousa dans la chapelle du château de Champien, le 12 mai 1773, Jeanne-Marie d'Hautefort-de Vandre, fille de feu Jean-Louis d'Hautefort-de Vandre, marquis de Bruzac et de Boutteville, baron de Marquessac, seigneur de la Razovie, la Marche, Saint-Jory et Montbayols, Picon, Meige et d'autres lieux, chevalier de l'ordre royal et militaire de Saint-Louis, et de feue Marie de la Baume-Forzac. Il est qualifié en 1782 vicomte d'Hautefort, gentilhomme d'honneur de Monsieur, frère du roi, mestre-de-camp, commandant du régiment de Hainaut, infanterie, chevalier de l'ordre royal et militaire de Saint-Louis, comte de Neuvi et de la Celle-sur-Loire, gouverneur de Montignac, seigneur de Champien, Balâtre, Margny-aux-Cerises, Rethonvillers et d'autres lieux, demeurant ordinairement en son hôtel, rue de l'Université, faubourg Saint-Germain, paroisse Saint-Sulpice (1).

On distingue encore aujourd'hui l'emplacement du château-fort de Tilloy et l'on en a retrouvé les fondements en 1851 ; il existait

(1) D'Hautefort porte *d'or à trois forces hautes de sable,* 2 *et* 1.

au commencement du XVIIIe siècle, selon les registres civils de la paroisse Saint-Médard de Rethonvillers, où il est mentionné que le 29 janvier 1701 « a esté écrasée par la chute de la » grosse tour de Tilloy, Hélène Comont, aagée de sept ans, fille de » Pierre Comont, laboureur, et de Marie Bouffet, laquelle fut » enterrée dans la chapelle du Rosaire. »

Cette dernière est aussi morte malheureusement, victime du rigoureux hiver de 1709 ; dans les mêmes registres on lit : « Le » 14 janvier 1709, Marie Bouffet, femme de Pierre Comont, » laboureur, âgée de 53 ans, est décédée dans la neige à son » retour de la ville de Roye, et fut inhumée dans la chapelle de la » sainte Vierge.

Le château de Waucourt était habité en 1665 par François de Saint-Aubin, seigneur de Fonchette et de Waucourt en partie, marié à Marie de Hanon.

Enfants :

1° Claude de Saint-Aubin, sieur des mêmes lieux, marié à Françoise-Charlotte de Mérelessart, dont Louis-François de Saint-Aubin, né le 19 avril 1693. Par contrat du 13 février 1697, pardevant Tergnier et son collègue, notaires à Noyon, il vendit au sieur de Theis, maire de ladite ville de Noyon, et à Barbe Dufresne, sa femme, à raison de cent livres le journal, un fief de 91 verges de terre, mesure de Roye, et un droit de terrage tel que de quatre gerbes l'une sur un journal et demi de terre, le tout situé au terroir de Waucourt proche les haies, et derrière le Bosquet dudit lieu ;

2° Alexandre, né en 1662, dont le parrain était Alexandre de Montmorency, comte de Bours ; il fut capitaine en second de vaisseau à Toulon, et ses enfants sont morts sans postérité ;

3° Louise, vivante en 1672 et en 1680 ;

4° Charles-Alexis, capitaine d'une compagnie détachée au régiment de Picardie, qui vendit aux Annonciades de la ville de Roye, par contrat devant Prévost et Tocquenne, notaires au même lieu, le 20 mars 1714, plusieurs pièces de terres labourables, dont un fief de deux journaux en une seule pièce, situé entre Waucourt et Marché à la Warde, faisant partie d'un plus grand fief appelé fief de Fransures ;

Et 5° Marie-Anne-Claude de Saint-Aubin, qui épousa en 1687, dans la chapelle de saint Marcoul du château de Waucourt, Charles de Fransures-d'Ognolles, écuyer, seigneur de Grécourt, près Nesle, et de Ramecourt, dépendance d'Ercheu (1).

Septfours était une des quatre mairies du marquisat de Nesle (2). Cette mairie était tenue avant 1584 par Jean de Longueval. En cette année Nicolas de Longueval, son fils, dans son dénombrement au marquis de Nesle, déclare :

« Et premièrement une maison manable, grange, étable, cour et jardin, ainsy que le lieu s'étend et comporte, faisant front sur la rue et voirie commune dud. Sephours aboutant par-derrière aux terres de mond. seigneur le marquis et aux terres labourables de l'abbaye d'Ourcamps (3). »

« Item a cause dud. fief, led. Nicolas a, en la ville dud. Sephours, un four cuisant auquel tous les habitants et demeurants en icelle ville sont baniers et ne peuvent aller cuire ailleurs ; et s'il advenoit qu'il vient a aucuns desd. habitants et demourants de aller cuire a autre four quelque part que ce

---

(1) Armes de la famille Saint-Aubin : *d'azur à l'escarboucle d'or, brisée d'une croix de même au franc-quartier.*

(2) Voir la *Picardie*, année 1857, p. 104.

(3) On remarque par le document suivant que les seigneurs, d'ordinaire peu soucieux d'acquitter les obligations qu'ils s'étaient imposées, se sont quelquefois vus obligés d'abandonner leurs héritages pour payer leurs dettes : *Je Pierre de Fay, fius jadis Mgr Jehan de Fay, chevalier. Comme je fusse tenus chascun an a labé et couvent de Oscans* (Ourscamp) *en* 48 *sextiers de fourment et* 48 *rés de avoine de rente à pense a crimeri, je ai defailli de paiement et en doit* 30 *muids de blé et* 19 *de avoine, je leur donne pour ce* 9 *journaux de terre al terroir de Septfors..... men propre scel l'an* 1274, *vendredi apres la Toussains.*

soit, icelui Nicolas, de son droit, peut aller en l'hôtel d'iceluy et prendre le pain comme confisqué, l'emporter et l'appliquer à son profit. »

« Item a cause dud. fief led. Nicolas, maire, a sur toutes amendes et forfaitures qui peuvent ou pourroient échoir aud. fief, tant en la ville de Sephours comme es censeulx d'iceux, tous tel droit d'amende qui peuvent échoir au-dessous de quinze sols parisis, c'est a savoir amende de sept sols six deniers parisis et de cinq sols. »

« Item a cause dud. fief led. maire a tous tel droit qui peut appartenir a faire bornage comme cheminage, vest et devest, saisines desaisines, adjournement, établissement et autres exploits a cause de basse justice. »

« Item a led. maire droit d'arreter et de faire arreter tous les habitans dud. Sephours qui seront trouvés venant moudre d'autres moulins que des moulins de mond. seigneur-marquis, tant sur chars, charettes, bestes chevalines ou portant aucol, et ce faisant sont les sacqs et farines acquis et confisquez aud. maire et lesd. chars, charettes ou bestes chevalines sont à mond. seigneur. »

« Item a led. maire, a cause dud. fief droit de tenir et avoir en sad. maison un cop pour tenir prisonniers dedans pour punir les malfaiteurs ; en ce faisant le doit signiffier à mond. seigneur ou a ses officiers pour en prendre la punition et garder le droit d'icelui maire sur les amendes, qui est sur chacune amende de soixante sols parisis, sept sols six deniers parisis. »

« Item a led. maire, a cause de sond. fief, pouvoir de créer un sergent, homme de bien, pour prendre tous malfaiteurs et bestiaux en dommage par toute lad. mairie et fief. »

« Item au jour de saint Remy led. maire doit recevoir les cens en deniers appartenans aud. seigneur, qui montent à vingt-quatre sols sauf que led. maire a pour son droit quatre sols six deniers, et au cas que aucnns soient défaillants de payer leurs cens aud. jour saint Remy les amendes desd. défaillants sont et appartiennent aud. maire seul et pour le tout. »

« Item à cause dud. fief et mairie pour ce que led. maire est chargé de recevoir les cens appartenants aud. seigneur au jour de Noël, qui montent à trente-cinq pains et demy et quarteron et demy de bled, trente-huit chapons et demy et un tiers de chapon et doit le tout faire bon, sauf pour son droit cinq pains et demy et quarteron et demy de bled, huit chapons et demy et un tiers de chapon qui lui demeurent, en sus le pain, deux deniers parisis sous le cri. »

« Item à cause dud. fief led. maire est tenu de comparoir par chacun an la nuit de Noël en la grand salle du chasteau dud. Neelle, et estre present quand on met le feu en une grosse chocque de bois etant en icelle salle sur et a peine de defaut ; aussi est tenu led. maire de comparoir chacun au lé jour saint Etienne avec les autres maires dud. marquisat, les meuniers dud. Neelle, les sergents a cheval et autres au diner que fait faire led. jour le concierge du chasteau dud. Neelle auxd. maires, meuniers et sergents, et de payer aud. concierge un septier de vin, mesure de Neelle qui vaut sept lots (1). Lequel dénombrement baille led. maire..... »

La cure régulière et la dîme de Rethonvillers appartenaient à l'abbaye de Vermand, ordre de Prémontré, établie dans ce village vers le milieu du XIIe siècle, et Iribert l'un des premiers supérieurs, acquit l'autel de Rethonvillers en même temps que celui de Castres.

Ce prieuré-cure, dont le revenu était de 900 livres à la fin du siècle dernier, était à la nomination de l'abbé de Vermand.

PRIEURS-CURÉS DE RETHONVILLERS DEPUIS 1567.

NICOLE OYEN, en 1557.

CALIXTE DE MARLOY, bachelier en théologie, en 1624.

ADRIEN DUFRESNE, religieux-profès de l'Hôtel-Dieu de Noyon, 1643.

PHILIPPE CARRIER, profès de l'abbaye de Saint-Martin-de-Laon, ordre de Prémontré, 1680.

LOUIS BARBARAN, de la même abbaye et du même ordre, 1684.

Le 11 mars 1686, dom Louis Barbaran, se présente devant les officiers du marquisat de Nesle, et déclare, en qualité de prieur-curé de Rethonvillers, tenir en fief de ce marquisat trois journaux et demi de terres labourables, mesure dud. Nesle, en deux pièces, situées sur le terroir dud. Rethonvillers..... Lesquelles terres sont de la fondation des anciens seigneurs de Nesle ; et sont chargées chaque année, au jour de saint Nicolas en mai, outre le revenu d'année à chaque mutation de curé, d'un *chapeau de boutons*

---

(1) Le lot, mesure de Nesle, avait la capacité de 1 litre 20 environ.

de roses vermeilles rendu en la chapelle du château dud. Nesle ; et a pareil jour de saint Nicolas, en décembre, de *deux échaudés* et d'un *lot de vin*, mesure de Nesle, à fournir à la recette du marquisat de cette ville ; de plus, de chanter tous les dimanches, au retour de la procession de la messe paroissiale de Rethonvillers, pour le repos des âmes desd. seigneurs de Nesle, un *De profundis* avec les *Oraisons accoutnmées*, ainsi qu'il est plus amplement exprimé aux anciens titres dud. marquisat. Lesquelles redevances ci-dessus énoncées le sieur Barbaran promet de payer et satisfaire à l'avenir, comme de chanter le *De profundis* et les oraisons chaque dimanche devant le crucifix de lad. église.

De laquelle déclaration il a requis acte qui lui a été accordé, et a signé avec les officiers du marquisat sur le registre des reconnaissances censuelles. (Archives du château de Nesle.)

Jérôme Testart, profès de l'abbaye de Vermand, 1686.

Nicolas Leseigne, profès de la même abbaye, 1709. Il mourut le 11 août 1713 sous les ruines de la cave du presbytère qu'il avait fait rebâtir et dans lequel il n'avait couché que trois nuits.

Philibert-Antoine Turpin, profès de l'abbaye de Vermand, 1713.

Marc-Antoine Turpin, né à Reims, profès de la réforme de Prémontré, 1721.

Casimir-Emmanuel Pennier, profès de l'abbaye de Vermand, 1772.

En 1790 il était un des huit religieux et prieur de cette abbaye.

Jean-Baptiste-Antoine Hédoin, né à Reims en 1749, profès de l'abbaye chef d'ordre de Prémontré, 1786. Il était fils de Guillaume-Antoine Hédoin, conseiller-échevin et ancien receveur de la ville de Reims, et de Béatrix Ledoux, son épouse, décédée le 22 août 1788 et inhumée dans le caveau de la chapelle Saint-Médard de Rethonvillers, où a été déposé aussi plus tard le corps du dernier prieur-curé de Rethonvillers, son fils, mort le 1er décembre 1802. (Moréri — Registres civils des paroisses de Rethonvillers et de Champien — Archives du château de Nesle).

Philippe Fromont, natif de Punchy, curé de Rethonvillers, 1803 ; mort à Nesle en 1829.

Michel-Edouard Tronquet, chevalier de la Légion d'Honneur mort curé de la même paroisse le 20 juillet 1858

N.... Hareux, né à Villers-Bretonnenx, 22 janvier 1857, encore en exercice.

-Feller, dans sa *Biographie universelle*, augmentée par Pérennès, Paris, 1841, 6e volume, p. 220, donne la biographie de Jean-Baptiste-Antoine Hédoin, mais il se trompe sur l'époque de sa mort qu'il dit être arrivée au mois d'octobre 1792.

Les ouvrages de cet ecclésiastique distingué sont 1° *Esprit et génie de Raynal*, Paris, 1777, in-8°, Londres, 1782, in-18, et Genève, 1782, in-8° ; 2° *Principes de l'éloquence sacrée, mêlés d'exemples puisés principalement dans l'Ecriture sainte, dans les saints Pères*, etc., Soissons, 1787, in-12 ; et 3° *Fragments historiques et critiques sur la Révolution*. Nous faisons suivre ces fragments qui sont jusqu'alors restés inédits.

1794. — L'église de Rethonvillers a été fermée le premier lundi de Carême de cette année et conformément à un arrêté d'André Dumont (1), représentant du peuple en mission dans le département de la Somme ; toute espèce de culte y a été interdit.

Cette mesure, très extraordinaire sous le règne de la liberté, s'est étendue à toute la France au point qu'aucun prêtre n'ose plus remplir les fonctions de son ministère ni même paraître en habit ecclésiastique sans s'exposer aux plus grands dangers.

A cette malheureuse époque d'une révolution, dont les excès en tout genre surpassent les bienfaits, le délire irréligieux est à son comble. Tout ce qui, jusqu'alors, a été regardé comme un objet de vénération, ne l'est plus que du mépris le plus insultant. Des émis-

---

(1) André Dumont, né à Oisemont (Somme), en 1764, fut successivement membre de la Convention, du Conseil des Cinq-Cents, sous-préfet d'Abbeville et préfet du Pas-de-Calais.

saires du Gouvernement parcourent les villes et les campagnes, se font ouvrir les églises, foulent aux pieds les vases sacrés, déchirent les images et profèrent publiquement, avec une impudence qui n'a jamais eu d'exemple, les plus affreux blasphèmes contre Dieu, les saints et les ministres de la religion catholique ; il faut se taire et le moindre signe d'improbation suffit pour que vous soyez suspect d'aristocratie. A entendre ces frénétiques apôtres de l'athéisme, le peuple, trop longtemps égaré par les prêtres, doit abjurer ce qu'ils appellent ses préjugés, renoncer à la foi de ses pères, et regarder comme des fables superstitieuses tout ce qu'on lui a enseigné touchant Dieu et l'Evangile. Pour lui faire perdre, s'il est possible, l'idée de sa croyance et le goût des pratiques religieuses, on a imaginé de substituer, comme jours de repos, les Décades (1) aux dimanches ; des fêtes païennes remplacent celles qui nous rappellent les vertus des héros du christianisme.

Grand nombre d'églises furent vendues à vil prix ou démolies, d'autres devinrent des ateliers de salpêtre, des magasins de fourrages, des lieux publics de danses ou de rassemblements politiques connus sous le nom de clubs, des halles ou des casernes ; et, au milieu de tant de folies, on ose en faire des temples consacrés à la Raison. Pour qu'il ne restât rien, pas même aucun vestige de la religion, l'argenterie et le cuivre des églises passèrent des sacristies entre les mains des administrateurs de district qui en rendirent au Gouvernement le compte qu'ils voulurent. J'ai été moi-même témoin des dilapidations faites en ce genre : les ornements et le linge furent tout de même envoyés et devinrent en partie la proie de ceux qui n'en étaient que les dépositaires. On n'eut garde d'oublier les cloches. Considérées comme signe de ralliement du fana-

(1) Le calendrier républicain substitué à l'ancien calendrier, partage le mois en trois *décades*, et le dixième jour de chaque décade doit être considéré comme le seul jour du repos. Cette division décimale est imaginée pour supprimer le dimanche.

tisme (l'attachement à la religion de ses pères), elles furent proscrites et descendues, disait-on, pour être converties en canons ou en petite monnaie dont la façon excédât la valeur. La paroisse de Rethonvillers, forcée de se soumettre comme les autres à ces lois bizarres, déménagea sa, sacristie; mais grâce aux soins religieux de Médard Mouton, alors maire, et de quelques autres personnes, les ornements les plus précieux furent conservés, ainsi qu'un peu de linge et deux cloches; une très belle grille en fer, placée à l'entrée du chœur, fut sacrifiée, ainsi que la croix du cimetière que l'on fut obligé d'abandonner pour être converties en piques. Rien ne présentait un spectacle plus désolant que ce pillage commandé par des impies sous prétexte de régénération (1). Je dois rendre cette justice aux habitants de Rethonvillers qu'ils en furent pénétrés de douleur; mais ce qui les toucha davantage ce fut la privation du service divin et des secours spirituels. Depuis le 10 mars de cette année les offices cessèrent absolument, les enfants ne reçurent plus le baptême (du moins à l'église, mais tous furent baptisés à la maison); les mariages ne furent plus que des actes civils sans sacrement; les pasteurs n'osèrent plus visiter et consoler les malades; ceux qui mouraient étaient enterrés sans aucune cérémonie religieuse, à peine était-il permis à leurs parents de leur rendre les derniers devoirs. Je me souviens que le nommé Warin, alors digne agent des modernes réformateurs, se trouvant à Rethonvillers au moment où l'on faisait les funérailles d'un particulier, eut l'indignité de se moquer du cortége qui venait de verser des larmes et de prier sur la tombe du défunt. Au reste ce Warin qui était sous l'ancien régime un misérable huissier d'Abbeville, et alors tout puissant par la grâce d'André Dumont, son digne protecteur, ne se distingua jamais dans ces moments de déraison que par de semblables traits d'impudence et de dureté.

---

(1) Plaisante régénération que celle où l'on n'a su que détruire. (Notes de J.-B.-A. Hédoin).

Se trouvant dans l'église de Rethonvillers et y apercevant un tableau de la sainte Vierge, il ne perdit pas l'occasion de proférer contre elle les plus horribles blasphèmes, et continuant à pérorer sur le même ton, cet être, disgracié de la nature (il était boîteux) entreprit de prouver à sa manière que les prêtres n'étaient que des charlatans ; il avait beau jeu, car le peuple intimidé n'osait répondre et je n'étais pas là.

C'est ainsi que s'est passée l'année 1794.

L'histoire ne présente pas d'époque où l'on ait fait en si peu de temps autant d'extravagances : les forfaits les plus inouïs y furent multipliés ; tandis qu'on persécutait l'Eglise, le sang coulait à grands flots sur les échafauds ; à Paris, des milliers de victimes innocentes étaient sacrifiées au despotisme du farouche Robespierre et à l'ambition de ses complices.

1795. — La persécution violente dirigée par les impies contre la religion catholique l'année précédente a cessé enfin cette année ; sans accorder pour cela au culte la protection qu'il mérite, on en a toléré l'exercice avec toutes les entraves que ses ennemis déclarés, mais vaincus par l'opinion, ont pu y mettre. Toutes cérémonies hors de l'enceinte du lieu destiné à des rassemblements de piété ont été interdites ; il a été défendu de convoquer les fidèles par le son de la cloche. L'église de Rethonvillers a été ouverte le 25 de mars, mais il n'était permis que d'y célébrer des messes basses. Peu de temps après, elle fut de nouveau fermée, et, par l'effet de la terreur, on fut obligé d'exercer le culte dans des maisons. Je fis préparer une salle dans le presbytère où je continuai de dire la messe, les dimanches, les fêtes et les autres jours jusqu'au 8 juin, jour de Saint-Médard, patron de cette paroisse, que je repris mes fonctions dans l'église sans avoir été interrompu davantage.

1800, décembre. — Les novateurs qui ont complètement réussi à bouleverser la France en 1789, ayant imaginé de changer la division territoriale, l'ancienne Picardie est devenue le département de la Somme; au lieu de bailliages on a eu des districts, lesquels ont été partagés en cantons ayant un arrondissement d'un certain nombre de paroisses qui changèrent aussi de noms et furent appelées communes. Le hasard voulut que Rethonvillers, par sa position, devînt le chef-lieu d'un canton qui en porta le nom, et qui était composé de vingt-deux communes, savoir: *Biarre*, *Billancourt*, *Breuil*, *Crémery*, *Cressy*, *Curchy*, *Dreslincourt*, *Ercheu*, *Etalon*, *Fonche*, *Fonchette*, *Fransart*, *Hallu*, *Hattencourt*, *Herly*, *Liancourt*, *Manicourt*, *Marché-à-la-Warde*, *Moyencourt*, *La Chavatte*, *Punchy et Rethonvillers*. Indépendamment des administrations de département et de districts on en établit une dans chaque canton, laquelle était composée d'un président et de l'agent de chaque commune ressortissante du canton; celle de Rethonvillers était formée de vingt-deux membres sans y comprendre le président et un secrétaire. Elle avait en outre un commissaire qui était auprès d'elle l'homme du Gouvernement chargé de surveiller l'exécution des lois. Rethonvillers étant le chef-lieu de canton, l'administration y tenait ses séances dans une partie du local destiné aux écoles. Cette administration subsista pendant quatre ans et fut supprimée, ainsi que toutes les autres du même genre, à la fin d'avril 1800. On lui doit cette justice qu'elle se conduisit toujours avec la plus grande modération, même dans les instants les plus difficiles, que les prêtres ni les nobles n'eurent jamais à souffrir des excès de son zèle et qu'elle facilita autant qu'elle le put l'exercice de la religion catholique. Aussi fut-elle constamment regardée de mauvais œil par les démocrates enragés de son arrondissement et des environs qui firent plusieurs fois de vains efforts pour la faire casser. Le nommé F... D... fils, laboureur à Etalon, forcené jacobin, homme sans autre espèce de talent que celui de l'intrigue, patriote par intérêt et impie par libertinage, fut son ennemi le plus déclaré; il ne recueillit de ses efforts pour la rendre suspecte au Gouvernement que la honte et le mépris des honnêtes gens.

Rethonvillers, étant le chef-lieu d'une administration, avait aussi un juge-de-paix qui y tenait ses séances ; c'était aussi dans cet endroit que se réunissaient, à certaines époques, tous les citoyens actifs du canton, et cette réunion s'appelait assemblée primaire.

Enfin pour qu'il ne manquât rien à la gloire de Rethonvillers on y établit un marché par décades, mais ce marché, qui était aussi ridicule que beaucoup d'autres établissements de ce temps d'extravagances, ne subsista que quinze jours environ. Il se tenait près de l'église.

Cressy-Omancourt.

Cressy-Omancourt, Cressy-lès-Roye, Cressy, Cressy-lez-Néelle dans le XVIIe siècle, Cressi (*Crespiniacum*) selon Colliette, village aussi sur la route de Nesle à Noyon, est à 5 kilom. sud-est de Nesle et est compris dans le canton de Roye.

SEIGNEURS CONNUS.

Pierre et Roger de Cressy (Peirres de Cressi et Rogiers de Cressi) sont mentionnés dans le dénombrement du seigneur de Nesle au roi Louis IX en 1236.

Hugues de Cressy. Il acheta la seigneurie de Moyencourt à Jean le *Fresseux* et à Marie de Sancourt, sa femme (1).

Marie de Cressy, dame de Cressy et de Libermont, et N..... de Cressy, femme de Florent de Balâtre, sœurs, héritières de Hugues, leur frère, mort sans postérité. Par acte du 9 octobre 1374, Marie vendit, moyennant 700 livres d'or, le

(1) Voyez la *Picardie*, année 1859, p. 417.

domaine de Moyencourt à Renaut de La Chapelle et à Eustachie, sa femme. (*Archives du château de Moyencourt.*)

Simon Le Duc, seigneur des fiefs de Cressy. Dans son dénombrement du mois de juillet 1475 au seigneur de Nesle, il est fait mention de la *Tombe au Persin*, située sur le terroir de Manicourt (Maisnicourt), près Nesle, et de la *Tombe parée*, près de Cressy.

N..... Le Duc, seigneur des mêmes fiefs en 1510. Il est encore question, dans son dénombrement du 30 septembre de cette année de la Tombe au Persin, à Manicourt, qu'il nomme la *Tombelle au Persin* (1). (*Dom Grenier, Introduction à l'Histoire de Picardie, p.* 179.)

Agnès Le Duc, alliée vers 1560 à Philippe Le Bel, seigneur de Sailly et de Fresnoy, qui, de leur union, ont eu Antoine Le Bel, seigneur du Lys, l'un des cent gentilshommes de la Maison du roi, marié en 1591 à Marguerite Martin, fille de Pierre Martin, maître des Eaux-et-Forêts du bailliage de Senlis, et de Barbe Coulon.

N..... Le Duc, chanoine de la cathédrale de Noyon en 1609. La fabrique de l'église Saint-Eloi d'Herly, près Nesle, lui payait annuellement 7 sous 6 deniers, échus à la Saint-Remi, à cause de son fief de Cressy.

N..... Le Duc, avocat du roi à Noyon en 1628, recevait alors pareille somme pour la même cause.

François Le Duc, seigneur des fiefs de Cressy, lieutenant-général de la ville et du marquisat de Nesle en 1669. — Le 27 mai 1676, qui était le mercredi de la Pentecôte, les Impériaux, partis de Cambrai, vinrent en Picardie ; ils pillèrent et incendièrent

---

(1) Un relief du 12 février 1764 mentionne un fief de 4 journaux faisant partie d'un plus grand appelé fief *d'Orvillé*, en la couture de la *Tombelle au Preslin*, terroir de Cressy, aboutissant au grand chemin de Nesle à Noyon. Les tombelles, appelées aussi *Mottes, Tumuli, Tumulus*, sont l'ouvrage des anciens : ils les élevaient dans les lieux où le grès et la pierre manquaient. L'existence et l'emplacement des tombelles ci-dessus sont maintenant ignorés dans le pays.

Athies, Béthencourt, Herly, Beaulieu et près de quarante autres villages, et imposèrent à Nesle une contribution de 1,100 pistoles d'or. Mais les habitants n'ayant pu s'acquitter immédiatement furent obligés de donner pour otages, MM. du Rozoy, doyen de la collégiale, et François Le Duc, lieutenant-général de la ville, qui rentrèrent à Nesle après six mois de détention.

Marc-Antoine Le Duc, seigneur des fiefs de Cressy, fils du précédent, avocat en Parlement, conseiller du roi et contrôleur des fortifications de Picardie. De sa femme Anne-Marguerite Germain, de la paroisse de Saint-Séverin, de Paris, sont issus :

1° Louis-Antoine, qui va suivre ;

2° Antoine, trésorier de France, de la généralité de Soissons ;

3° Anne-Marguerite Le Duc, mariée en 1722 dans l'église de la paroisse Saint-Jacques de Nesle à Alexandre du Mesnil-de-Vaux, écuyer, seigneur de Morlemont (1), fils de Jean-François du Mesnil, seigneur de Vaux-sous-Montdidier et de Jeanne Lempereur ou de Geneviève Le Bel, sa seconde femme. De leur mariage est née, le 26 décembre 1723, Anne-Marguerite du Mesnil, qui perdit sa mère douze jours après sa naissance, et son père, le 17 décembre 1724, inhumés tous les deux dans l'église paroissiale de Saint-Pierre de Nesle où ils faisaient leur résidence.

Anne-Marguerite du Mesnil épousa N..... de Héricourt qu'elle rendit père de Nicolas-Julien, comte de Héricourt, seigneur du Plessier-de-Roye (2), Morlemont (3), et d'autres lieux, chevalier

(1) Hameau de Nesle aujourd'hui.

(2) Canton de Lassigny (Oise).

(3) Le domaine de Morlemont, ayant justice haute, moyenne et basse et consistant en 70 journaux de terres labourables, en plusieurs pièces, sur partie desquels il y a un moulin à vent et 120 verges de pré, mesure de Nesle, avec plusieurs mouvances féodales, a été vendu le 22 février 1782 par acte devant Gibert et Gittard, notaires à Paris, par le comte et la comtesse de Héricourt à Charles Poitevin, chevalier, seigneur de Maissemy, conseiller du roi en sa cour des aides de Paris, et à Marie-Josèphe Régnier, sa femme, moyennant la somme de 75,000 livres en principal et 1,600 livres pour les

de l'ordre royal et militaire de Saint-Louis, allié à Marie-Jeanne Rousselle de Belloy.

Et 4° N... . Le Duc, mariée à N..... de La Viéville.

Louis-Antoine Le Duc (1), né en 1693, qualifié en 1762 seigneur des fiefs de Cressy, Pithon et de la Planche, conseiller du roi et contrôleur des fortifications de Picardie, mourut à Nesle le 15 janvier 1779, âgé de près de 86 ans (2). (*Registres civils des paroisses de Cressy, Herly et Nesle. — Archives du château de Nesle.*)

Marc-Marie Le Duc de la Tournelle, fils d'Antoine Le Duc, seigneur en 1780 des fiefs de Cressy, Crémery, le Jardin, et d'autres lieux, président trésorier de France au bureau des finances de la généralité de Soissons, y demeurant, rue Riquebourg, épousa Marie-Thérèse Mauroy.

épingles de lad. comtesse de Héricourt, à la charge par les acquéreurs de payer annuellement 15 setiers de blé de prestation au chapitre de la collégiale de Nesle et 10 livres environ à la baronnie de Briot. Peu de temps après ceux-ci ont vendu le même domaine au marquis de Nesle.

(1) Armes de la famille Le Duc : *d'azur au chevron d'or accompagné en chef de deux roses de même, et en pointe d'une croix aussi d'or tréflée.*

(2) En 1766, Louis-Antoine Le Duc, demeurant en son château de Cressy, requiert au marquisat de Nesle, tant pour lui que pour Antoine, son frère puiné, et Nicolas-Julien de Héricourt, son petit neveu, capitaine au régiment du roi, infanterie, être reçu au relief et droiture de 137 journaux de terres labourables, 4 journaux de prés et plusieurs autres pièces aux terroirs de Cressy, Marché-Allouarde, Balâtre, Breuil, etc., avec censives tant en argent que grains, pains, chapons, poules, sur plusieurs héritages à Cressy et aux environs, faisant partie de trois fiefs appelés fiefs de *Pithon* et de la *Planche*, le tout à eux échus par le décès de Marc-Antoine Le Duc, leur père et aïeul, arrivé vers 1748 ; faisant observer le comparant que les droits de chambellage ont été payés entièrement ; et il offre de porter au marquis les foi et hommages personnels, de lui prêter le serment de fidélité accoutumée, de lui payer tout ce qui peut lui être dû pour la saisie féodale faite en 1765 et de satisfaire à tous les droits patrimoniaux et usages locaux dud. marquisat ; et a le comparant été reçu au relief, etc....

Par bail du 19 novembre 1788 il afferme ses propriétés à Cressy et aux environs, s'élevant à 150 journaux, et peu après il vend ces mêmes propriétés à M. Quénescourt, de Nesle, et autres personnes. (*Actes notariés en l'étude de Me Enne, notaire à Nesle*).

Les notes suivantes prises dans les registres civils de la paroisse de Cressy, mentionnent des morts violentes arrivées dans le pays au milieu du XVIIe siècle, auxquelles n'a pas été étranger l'ennemi qui est venu exercer ses ravages dans cette partie de notre province.

« Le 17 mars 1642 fut inhumé dans la nef de l'église de Cressy, messire Nicaise Lerouge, natif dudit lieu, diacre-curé de Aizecourt-le-Bas et de Chizancourt, proche Saint-Christ, aagé de 24 ans, ayant esté trouvé dans une fosse à roches près la grande rivière dudit Saint-Christ, après y avoir séjourné 14 jours et 14 nuicts. »

« Le 1er janvier 1645, fut inhumé le corps de Simon de la Vacquerie, aagé de 24 ans, qui a esté tué la veille. »

« Le 26 juin 1645, fut inhumé le corps de Pierre Caïn, qui décéda à Ognolles par suite des graves blessures qu'il avait reçues le jour précédent. »

« Le 25 juin 1646, fut inhumé Simon Fagard, aagé de 24 ans, qui décéda à Billancourt des suites des blessures qu'il avait reçues d'un pistolet par un homme qui accompagnait le sergent chargé d'emmener les bestiaux pour les tailles. »

« Le mardy 26 mars 1647, fut inhumé Mathieu de Cressonnières, charpentier, aagé de 38 ans, lequel fut tué d'un coup de fusil par un cavalier de la garnison de Roye, et vescut environ cinq heures après avoir reçu sa blessure. »

« Le 17 avril 1650, fut inhumé le corps de N....., mari de Géneviève Pelletier, demeurant à Rheims, soldat au régiment d'infanterie de Clermont, qui fut tiré par les armes pour avoir déserté et quitté le régiment. »

« Le 5 mars 1652 fut inhumé Jacques Maresse, dit Pitard, aagé de 25 ans, tué à Néelle d'un coup de mousqueton. »

« Le 20 janvier 1663 trespassa et le lendemain fut inhumé Robert Vignon, aagé de 19 ans, ayant esté assommé et meurtry de coups de bâton. »

En 1130, Simon de Vermandois, évêque de Noyon donna l'autel de Cressy au chapitre de sa cathédrale ; Beaudoin II, son successeur, confirma cette donation en 1153.

Le revenu de la cure dans le siècle dernier était de 700 livres, et, selon un relief de 1730, l'église possédait environ 32 journaux de terre.

Cette église, sous l'invocation de saint Crépin et de saint Crépinien, est construite avec simplicité et offre à l'intérieur quelques pilastres d'ordre toscan et quatre piliers cylindriques qui soutiennent le clocher. Ce clocher, reconstruit vers 1830 est disgracieux, et vu à quelque distance il ressemble assez à un colombier. Serait-ce le manque de ressources qui aurait donné lieu à cette bizarre construction, eu égard à sa destination ?

Ont été inhumés aussi dans la nef de cette église, le 30 mai 1646 Simon du Rosoy, âgé de 70 ans ; Anne de la Motte, sa femme, âgée de 60 ans, morte le 23 octobre 1650 ; Nicaise du Rosoy, leur fils, le 24 janvier 1669, âgé de 50 ans, de nobles familles du pays ; Pierre Trocmé, curé de la paroisse, mort le 15 mai 1741 et Vincent Warin, aussi curé de la paroisse, mort le 25 juin 1752. (Registres civils de l'église de Cressy.)

CURÉS, VICAIRES ET DESSERVANTS CONNUS :

THOMAS QUETIN, curé, — PIERRE RESILLE, vicaire, avant 1595.

LOUIS PÉQUET, curé, — JEAN LECHANGE, vicaire, avant 1595.

ROLAND DU ROSOY, curé, natif de Nesle, 1595.

ANTOINE BARBETTE, curé, du diocèse d'Amiens, 1611.

Claude Lormier, curé en 1639 et doyen rural du doyenné de Nesle en 1658.

Claude Suret, natif de Crapeaumesnil curé en 1665.

Pierre Drovillers, curé, devint en 1691, chanoine de N.-D. de Nesle, où il était né.

Nicolas Langlois, natif de Paris, curé en 1690.

N..... Carbonnier, curé de Biarre, desservant en 1697.

Pierre Serpette, né à Bersaucourt, curé en 1698.

Pierre Gambart, desservant, 1700.

Pierre Trocmé, natif de Monchy-Lagache, curé, 1702.

Vincent Warin, natif de Cerisy, près Corbie, 1741.

Louis Fagard, né à Crapeaumesnil, curé en 1752, mort le 20 mars 1786.

Louis-Augustin Larue, en 1786, curé pendant 45 ans à Cressy où il est décédé ; il était né à Noyon.

Chrisostôme Véret, natif de Méharicourt en Santerre, vers 1832. (Mêmes registres.)

Cette commune possède une école et un presbytère construits en 1858 et 1859.

Maisons à Cressy en 1720, 67 ; et à Omancourt, 9.

. . . . en 1850, 97 ; . . . . 7.

Superficie territoriale : 770 hectares.

L'ancien village d'Omancourt, aujourd'hui hameau de Cressy, est situé au sud-ouest de son chef-lieu et à une distance de moins de 2 kilomètres.

La paroisse d'Omancourt existait déjà en 1015 ; elle a été réunie à la commune de Cressy par ordonnance du 29 novembre 1826, et son église, dont le vocable était saint Médard, a été démolie quelques années après et remplacée par une chapelle. Dans le siècle dernier le revenu de la cure était de 550 livres.

CURÉS ET DESSERVANTS CONNUS.

ANTOINE LIÉGAUT, curé, 1567, et écolâtre de Roye.

JEAN MICHEL, curé, 1568.

ANTOINE LETURCQ, curé de Solentes, desservant en 1694.

PIERRE FRESLIER, curé, 1701.

..... NAMON, curé, 1704.

VINCENT WARIN, curé, 1730.

..... COFFIN, curé, 1741.

..... VALENCOURT, curé, 1750.

..... CAVENEL, curé, 1778 — 1793, dernier titulaire. (Reg. civils d'Omancourt.)

La coutume du Vermandois mentionne en 1567 que les religieux, prieur et couvent du Mont-Regnault, sont seigneurs en partie d'Omancourt.

Le 20 octobre 1700, dom Jacques Cavillier, prêtre religieux de la congrégation de Saint-Maur, ordre de saint Benoit, procureur du monastère de Saint-Crépin-le-Grand de Soissons, y demeurant, fondé de procuration spéciale, et dom Toussaints Lorrain, aussi prêtre religieux des mêmes congrégation et ordre, prieur titulaire du prieuré de N.-D. de Beaulieu (1), diocèse de Noyon, demeurant à l'abbaye de Saint-Lucien, près Beauvais, ont requis au marquisat de Nesle être reçu Daniel-François Soucanye, diacre chanoine de la collégiale de Nesle, et chapelain du château du lieu, âgé de 23 ans pour homme vivant et mourant, pour tenir du marquis un fief mouvant de son marquisat, consistant en 100 journaux de terres labourables, mesure de Nesle (65 hectares 36) situés au terroir d'Omancourt, et faisant partie du domaine dud. prieuré de Beaulieu, étant en ouverture par le décès de N..... dernier homme vivant et mourant, décédé le..... sous les offres de lui présenter les foi et hommages personnels, et de prêter le serment de fidélité,

(1) Voir la *Picardie*, année 1858, p. 422.

requérant aussi main-levée de la saisie faite de ce fief..... Après que dom Cavillier a eu payé 12 livres 10 sous pour le droit de chambellage et la somme de 1028 livres 13 sous 2 deniers, à quoi se sont trouvés monter les fruits dud. fief, dépouillés en 1698, et vu les lettres de provision dud. prieuré de Beaulieu, obtenues en cour de Rome le 15 juillet 1691 par led. Lorrain, sur la résignation de Noël Bruslard, dernier titulaire de ce prieuré..... a été reçu led. Soucanye pour homme vivant, mourant et confiscant pour tenir led. fief de 100 journaux..... à la charge d'un service divin annuel dû suivant la fondation dud. prieuré..... et ont signé Soucanye et frère dom Cavillier..... (*Arch. du château de Nesle.*)

Non loin d'Omancourt était un lieu appelé Falevy, mentionné dans le dénombrement de Jean de Nesle déjà cité « *et si en tieng* » *Falevy qui siet de lez Omancort.* » Ce lieu paraît avoir disparu vers le XVe ou le XVIe siècle, et dans le XVIIe plusieurs titres font mention de la sole de Falvieux.

Le même dénombrement cite aussi comme seigneur, vers 1236, Robert de Falevy.

Ognolles.

Ognolles ou Ognoles, Ongnolles, Oignolles, Onniolles (*Oignola. Onniola*), village ancien du canton de Guiscard (Oise), entre Beaulieu et Cressy, sur la route de Nesle à Noyon, est situé près d'une plaine qui se rattache au Santerre.

LES SEIGNEURS CONNUS.

Hugues d'Onniolles, chevalier, donna en 1194 quelques terres, sises à Ognolles, à l'abbaye de Saint-Barthélemy de Noyon.

Jehan Grivelus, chevalier, était seigneur d'Ognolles, en 1223.

Raoul d'Onniolles, donna en 1224, à l'Abbaye-aux-Bois (1), quatre muids de froment assignés sur le fief d'Ognolles. Il vivait encore en 1236. Au mois de mai de la même année, Gautier de Vendeuil, chevalier, seigneur d'Ognolles, acheta de Pierre du Bois, chevalier, seigneur de Mortemer, seize bonniers de bois situés au Frestoy (canton de Guiscard). (*Histoire manuscrite de Chauny, par le P. Labbé, communiquée par M. Peigné-Delacourt, d'Ourscamp*).

Anne d'Humières, femme de Jean de Sainte-Maure, comte de Nesle, était dame d'Ognolles en 1545. Elle était fille de Jean d'Humières II, seigneur d'Humières, Becquincourt, Nédonchel, Monchy-le-Perreux, etc., et de Jeanne de Hangest, fille du seigneur de Genlis et de Marie d'Amboise (2).

François de Fransures, écuyer, seigneur d'Ognolles, est mentionné dans la coutume de Montdidier de 1567, ainsi que Jean de Fransures, écuyer, seigneur d'Hyencourt-le-Grand. Ils descendaient de Bergues de Fransures, capitaine des Latins au temps des Croisades. (*Haudicquer de Blancourt*).

Jean de Fransures, seigneur du Grand-Ognolles en partie et d'Hyencourt en 1578, est encore mentionné en 1599 et qualifié seigneur de Fransures, Ognolles et Tilloy.

Il eut cinq enfants : Ezéchiel, Daniel, Gabriel, Marie et Suzanne

Ezéchiel de Fransures, chevalier, seigneur d'Ognolles, Tilloy, Hyencourt, et de Ramecourt, épousa en 1599 Anne de Mareuil.

De ce mariage sont issus :

1° Louis de Fransures, écuyer, seigneur d'Ognolles et d'Hyencourt-le-Grand, épousa, par contrat passé à Noyon le 12 sep-

(1) Voir la *Picardie*, année 1856, page 373.

(2) L'épitaphe d'Anne d'Humières dans la crypte de la Collégiale de Nesle, détruite avec son mausolée en 1793, portait : *Cy gist haulte et puissante dame Madame Anne de Humières, en son vivant dame d'Ongnolles et de Bouzincourt, femme du seigneur comte de Neelle; laquelle tréspassa l'unzième jour d'aoust l'an mil cinq cens quarante cinq. Pries Dieu pour son âme.* Armes d'Humières : *d'argent, fretté de sable.*

tembre 1649, Marie de Charmolue, de cette ville. Elle mourut le 4 mars 1710 à Ognolles, étant veuve en 1701.

Et 2° **Charles de Fransures**, seigneur de Grécourt, Ramecourt et de La Mothe, allié à Angélique de Pitard qui habitait le château de Grécourt en 1697 étant veuve.

Louis et Charles de Fransures ont fait preuve de leur noblesse du 24 janvier 1459, vivant alors Jean de Fransures, dit *Flament*, écuyer, seigneur de Blaines, leur cinquième aïeul.

Charles de Sailly, marquis de Sailly, seigneur de Martinpuis, Posières, etc., était aussi seigneur en partie des fiefs d'Ognolles et de Misery en 1655. (*Titre notarié*).

Il était petit-fils de Jean IX de Sailly, dont le grand-père Jean VIII de Sailly, avait eu en mariage, le 27 décembre 1456, les seigneuries d'Abancourt, Warfusée, La Mothe, Hamel, Harbonnières, Posières, Martinpuis, Warlencourt, les bois d'Ognolles, etc. (1).

Henri de Sailly, père de Jean VIII, donna son relief le 12 juillet 1416 pour le fief qu'il possédait à Ognolles, mouvant de la seigneurie de Nesle. (*Haudicquer de Blancourt reg. civils de la par. d'Ognolles*).

Du mariage de Louis de Fransures avec Marie de Charmolue sont issus :

1° Henri de Fransures, chevalier, seigneur d'Hyencourt-le-Grand, capitaine au régiment d'infanterie de la reine.

2° Agnès, qui épousa à Ognolles le 22 décembre 1699, Jean-Baptiste de Vieilchâtel, de Saint-Aubin, diocèse de Sens, chevalier, seigneur de Genly, Jully, la Maison-Blanche, la Chaumière, et d'autres lieux, capitaine au régiment royal d'infanterie, assistés de leurs parents, savoir : Louis de Vieilchâtel, écuyer, sieur de Mar-

---

(1) Les bois d'Ognolles, peu considérables à la fin du siècle dernier, ont conservé jusqu'à nos jours la dénomination de *Bois de Sailly*; on vient d'en opérer le défrichement. Ils avoisinaient la forêt de Baulieu et étaient contigus à la route de Nesle à Noyon.

dilly, cousin germain de Jean-Baptiste de Vieilchâtel; Henri et Marie de Fransures, frère et sœur, etc. (1).

Le 9 mai 1701, Jean-Baptiste de Vieilchâtel requiert au marquisat de Nesle être reçu au relief pour la part qui appartient à sa femme de la dixième partie dans les deux fiefs sis à Ognolles, y compris le *Bois Glandon*, et demande souffrance, vu l'absence du marquis, pour les foi et hommages à lui faire, jusqu'à l'époque où il sera de retour de la campagne présente à laquelle il doit se rendre incessamment pour le service du roi. Souffrance lui est accordée jusqu'au 1er octobre suivant et réserve est faite par les officiers du marquisat de saisir les deux fiefs s'il y avait à cette époque faute de paiement pour la somme de 70 livres 3 deniers qu'il redoit, ayant donné à compte 200 livres. (*Arch. du château de Nesle*).

Ils eurent Marie-Madeleine-Agnès de Vieilchâtel-de-Jully, née le 29 juillet 1701.

Et 3° Marie de Fransures, née comme sa sœur à Ognolles, dame de Grécourt et des fiefs d'Ognolles, mariée le 27 septembre 1711 à Louis-Henri de Blottefière, écuyer, seigneur de la Viéville, capitaine au régiment d'Angoumois.

Elle décéda en son château de Grécourt le 13 février 1729 et fut inhumée à Ognolles, au bas du crucifix dans la nef de l'église. (*Mêmes reg. civils*).

Le 20 mai 1717, Louis-Henri de Blottefière et dame Marie de Fransures, sa femme, se présentent au marquisat de Nesle pour être reçu au relief de quatre quints, ayant appartenu à Henri de Fransures et moitié de l'autre quint des deux fiefs d'Ognolles mouvants et relevants du marquis, appartenant à lad. dame, savoir : les quatre quints à cause de l'adjudication à elle faite par décret aux requêtes du Palais à Paris le 13 mai 1711, et la moitié de l'autre quint de son chef comme héritière de son père. Sur leurs

---

(1) Armes de la Maison de Fransures : *d'argent à la fasce de gueules, chargée de trois besants d'or.*

offres, réponses et réquisitoires il leur est ordonné de communiquer au procureur fiscal du marquisat l'acte d'adjudication par décret portant quittance. A quoi ayant satisfait ils requièrent qu'il leur soit accordé la vestiture et saisine, et d'être reçus au relief et droiture desd. quatre quints et moitié de l'autre quint desd. deux fiefs. Après avoir fait et porté au seigneur-marquis les foi et hommages personnels, prêté le serment de fidélité et satisfait aux autres droits et devoirs à lui dus pour raison de ses deux fiefs composant la seigneurie d'Ognolles, et avoir promis de donner aveu et dénombrement dans les quarante jours, et sans que rien ne puisse nuire ni préjudicier au seigneur-marquis pour les anciens droits qui lui sont dus tant pour raison des deux fiefs que pour le *bois de Sailly*, à cause des mutations arrivées avant lad. adjudication, ils ont payé au seigneur marquis deux droits de chambellage de 12 livres 10 sous chacun, attendu que lesd. deux fiefs sont de 100 livres et plus de revenu, plus les droits de quint et requint de la somme de 11,000 livres, prix de lad. acquisition, plus aussi un droit de mari et bail à cause du mariage de la dame de la Viéville, qui est le revenu d'une année desd. quatre quints de la terre d'Ognolles à elle adjugés, et la moitié de l'autre quint de la même terre, ainsi que les fruits et revenus de ces quatre quints et du demi-quint en vertu de la saisie féodale qui en a été faite, suivant les usages locaux et droits patrimoniaux dud. marquisat de Nesle, le tout amiablement fixé s'élevant à la somme de 5,500 livres, déclarant lad. dame de la Viéville que cette somme de 5,500 livres par elle présentement payée a été empruntée conjointement et solidairement avec son mari de Réné Cathoire, conseiller du roi, maire de la ville de Nesle, par obligation de ce jour 20 mai 1717 par eux passée à son profit par devant Louvart et Cordier, notaires aud. Nesle.

Le 17 octobre 1719, Marie de Fransures, femme non commune en biens de Louis-Henri de Blottefière, seigneur de la Viéville, vend à Jacques-Jean-Baptiste Le Page-de-Rouvroy, écuyer, lieutenant au régiment de mestre-de-camp général, cavalerie, par contrat devant Le Boucher et son confrère, notaires à Roye, deux fiefs à Ognolles, auxquels a été réuni le fief anciennement nommé *Glandon*, appelés l'un le fief d'*Ognolles*, et l'autre, le fief *Notaux* ou *Poilbarbe*, auxquels fiefs est attachée, suivant les anciens dénombrements, la haute, moyenne et basse justice. (*Arch. du château de Nesle*).

Jacques-Jean-Baptiste Le Page (1), écuyer, sieur de Rouvroy, de Sommery et d'Ognolles, né à Epénancourt-sur-Somme en 1691, était fils de Claude Le Page, écuyer, seigneur de Rouvroy et d'Anne d'Anfreville. Jacques Le Page, son aïeul, fut anobli par lettres du mois de mars 1638, vérifiées à la cour des Aides par arrêt du 21 août 1644, et attendu la révocation de tous les anoblissements accordés depuis 1634, portée par l'édit du mois de septembre 1644, Claude Le Page a obtenu du roi Louis XIV des lettres de confirmation de l'anoblissement de son père au mois de mars 1665, verifiées par arrêt du 6 mars 1666. — Maintenue du 4 janvier 1702 (2). (*Mêmes archives*).

---

(1) Armes de la famille Le Page : *d'azur au chevron d'argent accompagné de trois coqs d'or chantant.*

(2) Le 16 juillet 1702, Anne d'Anfreville, veuve de Claude Le Page, sieur de Rouvroy, demeurant à Epénancourt-sur-Somme, au nom et comme tutrice de son fils aîné Jacques-Jean-Baptiste Le Page, seul et principal héritier féodal du sieur de Rouvroy, requiert au marquisat de Nesle que souffrance soit accordée à son fils jusqu'à ce qu'il ait atteint l'âge de 14 ans, pour porter au marquis les foi et hommages personnels qu'il lui doit à cause d'un fief séant aud. Epénancourt, mouvant dud. marquisat, consistant en un héritage, lieu et pourpris où il y avait ci-devant maison, led. fief planté d'arbres fruitiers, d'une lisière aud. sieur de Rouvroy, d'autre à la ruelle commune dud. Epénancourt aboutissant à la rivière de Somme, d'un bout au marais dud. lieu, et d'autre à la Grande-Rue, appartenant led. fief pour les quatre quints aud. Le Page, mineur, et à Louise-Opportune Le Page, sa sœur, pour l'autre quint. Souffrance étant accordée au mineur pour relever et porter au marquis les foi et hommages personnels pour raison desd. fiefs quand il aura atteint l'âge de majorité, Anne d'Anfreville a signé à la minute.... (*Mêmes archives*).

Du mariage de Jacques-Jean-Baptiste Le Page avec Marie-Suzanne Aubert, sont issus :

1° Jean-Baptiste, mort le 21 novembre 1722, âgé de cinq jours, inhumé dans le chœur de l'église d'Ognolles ;

2° Charles Le Page de Rouvroy-d'Ognolles, né à Ognolles le 7 octobre 1723, capitaine au régiment de Bourgaine, mort à Roye où demeuraient son père et sa mère le 2 mars 1746, et inhumé dans la chapelle du Rosaire de l'église d'Ognolles ;

3° Suzanne-Elisabeth, née à Ognolles le 20 octobre 1724, morte le 29 mars 1744, inhumée dans la même chapelle;

4° Marie-Thérèse, née à Ognolles le 20 février 1726.

5° Marie-Jeanne, née le même jour ;

Et 6° Pierre-Charles, né le 25 décembre 1727, ayant pour parrain Pierre-Charles Aubert, sieur des Avennes, Griviller, etc., capitaine au régiment de Bourbonnais-infanterie, chevalier de Saint-Louis, commandant un bataillon de milice du Soissonnais, lieutenant du roi, à Roye, son aïeul. Pierre-Charles Le Page décéda le 15 octobre 1732 et fut inhumé dans la chapelle du Rosaire de l'église d'Ognolles. Jacques-Jean-Baptiste Le Page mourut en sa maison à Roye le 6 août 1756, on l'inhuma à Ognolles auprès de ses enfants, ainsi que sa femme, morte aussi à Roye, le 11 février 1760.

Louise-Opportune Le Page-de-Rouvroy, sœur de Jacques-Jean-Baptiste Le Page, avait épousé à Ognolles, le 25 avril 1724, Joseph Des Fossés-de-Vaux, lieutenant d'infanterie dans le régiment de Boufflers ; Opportune, assisté de son frère, et de Charles-Claude Gaudefroy, conseiller du roi, prévot royal de la ville de Roye ; et Joseph Des Fossés, assisté de Charles Des Fossés-de-Pottes, son père, de Louis Lescuyer, chanoine de la Collégiale de Péronne, son oncle maternel, de Louis Valéran Des Fossés, seigneur en partie de Rouy-le-Petit, et de Pierre-André de Hanocque-de-Quiry, son cousin. (*Mêmes reg. civils.*

Louis-Charles Billecocq, avocat, lieutenant criminel au bailliage de Roye et maire de cette ville, petit-fils du côté maternel de Charles-Claude Gaudefroy ci-dessus, était seigneur d'Ognolles avant et en 1770. (*Titre notarié*).

Ognolles eut autrefois sa maladrerie, située entre le village et le bois de Sailly. Les biens en ont été depuis réunis à l'hospice de Noyon à condition d'y recevoir les pauvres du village; mais depuis longtemps déjà les habitants d'Ognolles ignorent leurs droits à cet égard et les pauvres ne sont plus admis dans cet hôpital. (*Le P. Labbé, hist. m. de Chauny).*

Ce lieu fut brûlé en 1370 par les Anglais sous les ordres de Robert Knolles, qui incendia aussi Roye et beaucoup de villages environnants.

Il fut encore dévasté en 1406 par les troupes du duc de Bourgogne, oncle du roi, jaloux de ce que le duc d'Orléans gouvernait le royaume pendant la démence de Charles VI.

En 1465 au mois de juin, alors que le comte de Charolais, en guerre avec Louis XI, assiégea le château de Beaulieu, Ognolles fut pillé.

En 1523 l'armée anglaise brûla la ville de Roye et détruisit Ognolles et beaucoup de villages voisins.

Ce village fut encore brûlé en 1552 par l'armée espagnole, commandée par le comte de Rœux, ainsi qu'un grand nombre d'autres villages dont plusieurs n'ont pas été rétablis.

A la suite d'une bataille qui eut lieu en 1553, vers le bois Glandon (1), entre les Français et les Espagnols commandés par le grand Condé, Ognolles fut détruit en partie.

---

(1) Dans le XIIIe siècle il y avait un village au bois de Glandon.

Au mois de mai 1676, les Bourguignons ayant ravagé les environs de Nesle, Ognolles fut encore pillé et en partie brûlé ainsi que plus de quarante autres villages. (*Documents divers*).

Au sud d'Ognolles est une proéminence très-régulière nommée la Motte-Brion et le Mont-Brillant, dont le grand diamètre a environ 55 mètres, et le petit 45 mètres. Des recherches y étant faites pourraient n'être pas sans résultat. Cette motte paraît être l'emplacement d'un château-fort élevé anciennement, pour défendre la contrée des invasions ennemies; il a été détruit il y a déjà plusieurs siècles.

Dans la même direction et sur le chemin de Solentes à Beaulieu, qui porte le nom de chemin de César, on voit encore des vestiges d'ouvrages en terre ressemblant à la ceinture dont sont entourés les camps romains. A différentes époques on y a recueilli des monnaies, des fers de lance, des épées brisées et des débris d'armures.

Ognolles consiste surtout en une grande rue traversée par la route de Nesle à Noyon ; l'église est au sud-ouest du village ancien où se trouve encore bon nombre d'habitations ; plusieurs des anciennes rues, très-étroites, sont presque inhabitées et l'une d'elles a conservé le nom de *Rue brûlée.*

Cette paroisse faisait partie du doyenné de Nesle. La cure, donnée en 1119 par Lambert, évêque de Noyon, au chapitre de la cathédrale de cette ville, valait 900 livres dans le siècle dernier.

Les gros décimateurs étaient : le curé, cessionnaire du chapître de la cathédrale et du prieur de Beaulieu, pour les deux tiers; l'autre tiers appartenait à l'Abbaye-aux-Bois. (*Colliette*).

L'église, sous le vocable de Saint-Eloi, a la forme d'une croix, avec des bas-côtés ajoutés à la nef; l'autel est orné de dorures. Le clocher, très-simple, est placé sur le portail dont la construction paraît récente. Le mauvais état dans lequel se trouve cet édifice en nécessite la reconstruction qui doit avoir lieu prochainement.

Nombre de maisons en 1720, 109.
en 1835, 130.

Avant l'établissement de la route ferrée de Nesle à Noyon, la grande-rue, traversée par la route entre ces deux villes, était enchaussée de grès exécutée en 1785. On avait le projet de continuer ce pavé jusqu'à Noyon, ce qui n'a pas eu lieu ; la partie construite n'ayant jamais été entretenue, elle était arrivée à un tel état de dégradation que le passsage des voitures, même sans être chargées, devint presque impossible. De là la renommée de cette partie de la route, répandue dans les pays assez éloignés, où l'on dit encore, pour désigner un très-mauvais chemin : *c'est comme le pavé d'Ognolles.*

FIN.

AMIENS. IMP. DE LENOEL-HERGUART.

Joachim de Hangest — p 19
Louis de " p 5
Jeanne de " p 16
d'Albret p 3
Drieux de Crevecoeur p 5

www.ingramcontent.com/pod-product-compliance
Lightning Source LLC
Chambersburg PA
CBHW070856280326
41934CB00008B/1462

* 9 7 8 2 0 1 2 6 2 1 7 2 5 *